PRENDIAMO LA PAROLA!

FLAVIA TRUPIA

PRENDIAMO LA PAROLA!

La retorica dalla parte delle donne

PIEMME

Pubblicato per

PIEMME

da Mondadori Libri S.p.A.

Pubblicato in accordo con Silvia Meucci Agency – Milano

ISBN 978-88-566-9897-8

I Edizione maggio 2025

Anno 2025-2026-2027 - Edizione 1 2 3 4 5 6 7 8 9 10

Introduzione

Prendersi la scena, l'ottavo peccato capitale

Dove sono le donne quando si tratta di parlare in pubblico? Perché si tirano indietro, quando bisogna rappresentare un gruppo? Dalla mia esperienza, succede in azienda, a scuola, nelle università e persino nelle carceri. Molte di loro preferiscono mandare avanti un uomo e riservarsi il ruolo di ricerca di contenuti, argomentazioni e dati, che avviene inevitabilmente dietro le quinte.

Mettere sé stesse al centro dell'attenzione è troppo spesso ancora vissuto come l'ottavo peccato capitale. Neanche fossimo nel Medioevo. Una ragazza o una signora che si espone viene guardata con sospetto, sia dagli uomini sia dalle altre donne. Troppe volte siamo noi stesse a lucidare il tetto di cristallo che la società maschilista ha costruito sopra le nostre teste.

Si parla di materie così dette STEM (scienza, tecnologia, ingegneria, matematica) e del fatto che le ragazze dovrebbero studiarle per abbattere il divario occupazionale e salariale. Una visione troglodita della società vuole infatti che il cervello femminile non sia adatto per i numeri e la tecnica. Allo stesso modo, una visione altrettanto troglodita vuole che la donna debba provare e, addirittura, mostrare una certa ritrosia nell'esporsi e nel parlare in pubblico. E, quando si mette in gioco, deve essere perfetta. Però secondo una perfezione sempre cangiante e arbitraria, quindi irraggiungibile: troppo giovane o troppo vecchia, troppo femminile o troppo maschile, troppo saputella o troppo impreparata... Insomma, trovate voi un «troppo» e andrà sicuramente bene.

La perfezione è il vero anticorpo che il maschilismo ha prodotto contro il riscatto della donna. E la donna stessa lo ha sviluppato nel suo organismo, rinforzandolo con dosi da cavallo di senso di inadeguatezza. Ci portiamo avanti. Ci difendiamo dalle critiche, insinuando dubbi su noi stesse. E, se sbagliamo, ci auto-fustighiamo per una settimana. Un prezzo talmente alto da pagare che porta molte alla rinuncia, regalando agli uomini una competizione meno agguerrita. Le donne, statisticamente più preparate, si sono fatte fuori da sole.

La parità di genere passa dunque anche attraverso la retorica: il coraggio di prendere la parola e affrontare un pubblico. Le donne che non lo fanno finiscono per guadagnare meno dei maschi, anche quando sono più preparate e sgobbano il doppio. La progressione di carriera dipende anche dal fatto che chi ti circonda pensi che tu possa ricoprire un ruolo dirigenziale. Ed è difficile dimostrarlo stando sempre davanti al computer a preparare i PowerPoint: è più facile farlo salendo su un palco e prendendosi la scena. È una sfida che va oltre quella sulla reduplicazione, che porta all'uso del femminile-maschile nei discorsi, e a quella sullo *schwa* o l'asterisco: *cittadine e cittadini, bambine e bambini, belle e belli, brave e bravi... Buongiorno a tuttə o tutt**. Sono istanze che rispetto, perché una lingua al maschile rischia di spuntare le ali alle ambizioni delle donne. Ma penso che dovremmo concentrarci con altrettanta energia su una battaglia che riguarda l'oratoria, che spinga le signore a esporsi.

Il prossimo genio, che in un talk show televisivo o in un consiglio direttivo di un'azienda, affermi che non ci dobbiamo lamentare – visto che abbiamo una presidente del Consiglio, una presidente del Commissione Europea e una presidente della Banca Centrale Europea – verrà immediatamente contestato dalle signore presenti. E uso il plurale perché saranno molte, non la solita e unica, messa lì per non farsi accusare di maschilismo. Così non si potrà più accampare la scusa che le donne non si trovano.

Ci sarà la fila. E non sarà dietro le quinte.

Questo libro è dedicato alle ragazze che non si sentono mai adeguate e alle signore che pensano che ormai sia troppo tardi per mettersi al centro della scena. Ma anche ai loro padri, mariti, compagni, perché non le sottovalutino. Se vogliamo ottenere la parità di genere, dobbiamo essere in tante a prendere la parola.

I

Noi donne abbiamo fame di retorica

1.1 Chi parla di più, le donne o gli uomini?

Dosi massicce di retorica possono aiutare le donne nel loro percorso verso la parità. L'arte oratoria sembra un aspetto marginale nella lotta per i diritti, ma non lo è. Dalla mia esperienza, confermata da vari studi di cui parleremo, capita spesso che le donne rinuncino a prendere la parola. E, se la prendono, parlano per meno tempo rispetto agli uomini o vengono interrotte con maggiore facilità. Capita ancora più spesso, direi quasi sempre, che al tavolo dei relatori, le donne siano in netta, nettissima minoranza.

Niente paura. Gli organizzatori di eventi e gli autori dei programmi televisivi sono corsi ai ripari. Da qualche anno a questa parte si è diffusa l'abitudine di convocarne una, giusto per salvare la faccia. Magari la moderatrice, così è più facile trovarla. Vuoi mettere? Due piccioni con una fava: abbiamo la donna, così nessuno ci può dire che siamo dei cavernicoli, e la paghiamo pure meno di un uomo nello stesso ruolo. Almeno da quanto ci rivelano le statistiche, non solo italiane, sul divario dei compensi tra i generi.

È la donna-panda, messa lì per dimostrare che le minoranze vanno tutelate. Solo che, dagli ultimi dati del WWF[1], risulta che l'orsetto abbia almeno parzialmente vinto la propria battaglia, grazie alle misure prese per la sua conservazione. Invece, nei luoghi di lavoro, la femmina dell'essere umano ancora fatica a conquistare il proprio habitat. Incredibile, ci siamo fatte superare a destra pure dal panda. Signore, prendiamo il numeretto come nell'unica farmacia aperta a Ferragosto! Attenzione, perché in fila, prima di noi, dietro al panda, c'è l'orsa del Trentino KJ1 (la solita potente lobby di quei ruffiani degli orsacchiotti!); le api che salveranno il pianeta; per non parlare delle rane selvatiche la cui protezione pare abbia contribuito alla mancata costruzione del nuovo stadio della Roma[2]. Evidentemente quelle rane tifavano per la Lazio.

Possiedo un gatto e lo venero come una divinità, sono un'animalista convinta, una sostenitrice della lotta ai cambiamenti climatici e non sono una tifosa. Confesso, come dato di fatto e senza un briciolo di orgoglio, di non aver mai visto una partita di calcio per intero, malgrado la mia famiglia sia composta per tre quarti da tifosi sfegatati. Ma i dati sulle donne in Italia e nel mondo lasciano senza parole. Mi chiedo come si possa parlare di democrazia, in Paesi (nessuno escluso) in cui le donne sono così scarsamente rappresentate nei luoghi che contano. E non mi venite a dire «mia moglie, dovresti vederla a casa come comanda!». È un'argomentazione che fa acqua da tutte le parti, considerando che, nel settore lavorativo privato, le donne guadagnano 8000 euro l'anno in meno degli uomini, per l'esattezza 7997[3]. Qualcuno potrebbe eccepire che si tratta di soldi, non di rappresentanza. Dateci 4000 euro l'anno, metà del divario salariale, e poi ci venite a raccontare chi conta di più nella società. Non solo, i soldi da spartirsi nella fascia tra i 55 e i 59 anni, salgono a 5500 euro, perché i dati ci dicono che in quella fase della vita il divario aumenta drammaticamente e diventa di ben 11.000 euro l'anno. E vabbe', allora andate a lavorare nel pubblico, lì le cose andranno meglio. Neanche un po'. Nelle istituzioni le donne guadagnano in media 30.000 euro lordi all'anno, il 25% in meno degli uomini, che se ne portano casa 40.000[4].

Ma torniamo alla retorica, al parlare in pubblico. L'opinione diffusa vuole che noi donne parliamo più degli uomini, che siamo chiacchierone e pettegole. In verità dagli studi su questo tema emergono risultati che non sono così netti[5]. Il problema è dove le donne parlerebbero di più, cioè in quali occasioni. Certamente non nei contesti ufficiali e, a quanto pare, neanche nelle riunioni. Nel 2019, Sue Montgomery era la sindaca di Côte-des-Neiges-Notre-Dame-de-Grâce, il dipartimento più popoloso di Montreal in Canada. Montgomery ha fatto un insolito esperimento[6]. Aveva imparato a lavorare a maglia durante un soggiorno di studio in Germania. Un'attività che l'aiutava a restare concentrata. Durante i Consigli comunali ha cominciato a lavorare a una sciarpa. Ha scelto due fili: uno rosso e uno verde. Ogni volta che parlavano gli uomini sceglieva il rosso e quando parlavano le donne sceglieva il verde. Il risultato? «Direi che [la sciarpa] è probabilmente rossa per il 75-80%, ci sono piccoli pezzetti di verde qua e là» ha dichiarato la sindaca. Nel Consiglio ci saranno stati molti più uomini che donne, penserete. Non è così. Gli uomini erano 34 e le donne 31. «Le donne sono molto più efficienti. Agli uomini piace sentirsi parlare. Cosa posso dire?» è la conclusione della sindaca.

Si tratta di una provocazione divertente, che non ha valore scientifico. Ma gli studi purtroppo confermano l'intuizione di Sue Montgomery: noi donne abbiamo un problema enorme. Da rappresentante del genere femminile, trovo faticoso e doloroso ammetterlo. Oltre al già drammatico e urticante divario salariale, tra gli uomini e le donne esiste un divario di fiducia[7]. Detto brutalmente, le ragazze e le signore hanno meno fiducia in sé stesse dei maschi. Questo innesca un effetto domino del ruolo femminile nella società. La mancanza di fiducia comporta che le donne abbiano aspettative di guadagno più limitate, si propongano meno in contesti lavorativi più competitivi, siano giudicate più severamente dalle donne stesse e dagli uomini e, in ultimo ma non per questo meno importante, siano meno propense a parlare in pubblico. Mettendo insieme tutte queste informazioni, sono egoisticamente felice di avere due figli maschi. Il lavoro del genitore, che consiste anche nell'infondere nei propri figli un po' di sicurezza in sé stessi, mi sembra un cammino meno accidentato.

Ma non finisce qui. Le donne parlano meno nei contesti lavorativi anche perché sono di meno, fanno lavori di minore responsabilità e lavorano per meno tempo. E, al contrario di quello che potrebbe sembrare, non sempre quest'ultima è una scelta completamente libera.

In Italia le donne che lavorano sono il 52,5%, un numero più basso di 17,9 punti rispetto agli uomini e di 13 punti rispetto alla media europea[8]. La situazione peggiora quando diventano madri e il mercato del lavoro comincia a remare contro. La possibilità di non avere un impiego per le neomamme si raddoppia nei primi due anni, rispetto alle donne che non hanno figli. Poi diminuisce nel tempo, ma le conseguenze permangono per quindici anni dalla nascita del primo figlio[9]. È come se cominciassero a correre una maratona il cui percorso diventa improvvisamente solo in salita. Una salita che dura quindici anni. Si chiama *child penalty*, la penalità del figlio. Proprio perché è efficace, trovo questa metafora semplicemente orrenda, poiché fa vivere l'arrivo di un bambino come una palla al piede, quando invece, per le donne che decidono di averne uno o più di uno, dovrebbe essere non solo una gioia, ma anche un'opportunità.

La situazione si ribalta per gli uomini. Quando diventano padri è come se vincessero alla lotteria, una lotteria non milionaria, ma pur sempre una lotteria. E senza neanche aver avuto i dolori del parto o il taglio del cesareo (che poi spesso non ti dispensa dalle doglie). Al *child penalty* femminile, infatti, corrisponde il *paternity bonus*[10]: il neo papà ottiene promozioni e viene considerato più stabile e affidabile, in quanto guadagna la patente del «padre di famiglia». Un'espressione che, messa accanto alle parole «lavoro» e «carriera», sembra non produrre alcuna contraddizione. Per contro, nel senso comune, il suo corrispettivo femminile, «madre di famiglia», produce un ossimoro dai toni leggendari: «è una madre di famiglia e lavora» o, ancora più epocale, «è una madre di famiglia e ha fatto pure carriera». In effetti sì. Avere dei figli e tenersi anche un lavoro può essere un'impresa titanica, degna di un capitolo nei libri di epica delle scuole medie.

Ma la tragedia (sì, la tragedia) non finisce qui. C'è una

candelina nera, non una ciliegina, su questa enorme torta della disuguaglianza. E segna il numero cinque. A quanto pare, le donne dedicano in media cinque ore e cinque minuti al giorno all'assistenza e alla cura della casa e della famiglia, mentre gli uomini destinano a questi compiti solo una misera ora e quarantotto minuti[11]. Tutti i santi giorni godono di un vantaggio di quattro ore e due minuti. Un tempo in cui rilassarsi, intrattenersi, lavorare e anche preparare discorsi. Con tutto questo tempo a disposizione, non si spiega come mai molti di loro siano ancora così imbranati a parlare in pubblico.

1.2 Non ci siamo. E se ci siamo, contiamo poco

Quando noi donne ci lamentiamo di essere scarsamente rappresentate nei luoghi dove si decide, la classica reazione è ancora troppo spesso di stupore. Perbacco, ancora parliamo di un problema superato dalle nostre nonne o forse dalle nostre madri?! Siete ovunque! Insomma, sembra si parli di una piaga dei tempi andati, neanche fosse l'epidemia di peste del Seicento. Fortunatamente ora ne siamo fuori!

Senza dubbio, rispetto al passato, abbiamo fatto passi da gigante. Un passato che però, va detto, non è così lontano nel tempo: basti pensare che le donne in Italia hanno cominciato a votare meno di cento anni fa. Ma la cosa che mi stupisce è che spesso sono proprio i giovani e i giovanissimi a pensare che il problema sia completamente risolto. E non solo i ragazzi, anche le ragazze. È incredibile, ma la privazione di diritti e di opportunità genera assuefazione. È uno stato al quale ci si abitua. Diventa normale, non ci si pensa.

È vero che, mai come in questo momento, siamo riuscite a conquistare posti di rappresentanza. In 47 Paesi del mondo che hanno tenuto le elezioni nel 2022, le donne hanno ottenuto in media il 25,8% dei seggi, con un aumento di 2,3 punti percentuali rispetto alle precedenti elezioni[12]. E, per la prima volta nella storia, non esiste nessun Parlamento che non conti nemmeno una donna tra i suoi membri. Problema risolto? Direi di no. Al tavolo dei grandi, le donne sono ancora meno di un terzo. Le altre sono rimaste al tavolo dei bambini, quello dove gli «adulti» decidono per te.

Con questo non voglio dire che gli uomini sono geneticamente incapaci di prendere decisioni che tengano conto degli interessi del genere femminile. Sarebbe una banalità priva di uno straccio di fondamento scientifico. Voglio piuttosto far emergere un sintomo di una società malata di maschilismo, che non offre alle donne le stesse opportunità e che non le rappresenta come dovrebbe.

L'artista Alma Carrara ha realizzato *L'opera al nero*. Un giorno a caso, il 15 maggio del 2011, ha raccolto i fogli dei principali giornali italiani, con i quali ha ricoperto le pareti di un tunnel che il visitatore poteva attraversare, per una superficie di cento metri quadrati. L'artista aveva annerito tutte le pagine, tranne le parti in cui si parlava di donne, compariva il nome di una donna o una donna veniva intervistata[13]. Il risultato era un tunnel quasi completamente nero.

Un'operazione simile è stata portata avanti in tempi più recenti da Michela Murgia. Nel 2018, l'autrice ha usato i social network per contro-argomentare con i fatti l'affermazione «ormai siete dappertutto». Con l'hashtag #tuttimaschi, ogni mattina postava l'immagine della prima pagina dei due principali quotidiani italiani, *la Repubblica* e *Il Corriere della Sera*. Cerchiava di rosso le firme delle donne e di nero quelle degli uomini. «In questo modo risultava chiaro che le donne non erano solo pochissime, ma soprattutto sottoimpiegate; quando i loro nomi comparivano sulla prima pagina, quasi sempre erano in calce a pezzi di costume o riflessioni su temi ritenuti di *pertinenza femminile*, come il femminicidio, la violenza di genere o la disparità di salario. Non firmavano pezzi politici ed economici se non quelli in cui intervistavano esperti maschi, quindi non era mai la loro competenza a essere messa in evidenza.»

Michela Murgia ha messo il dito nella piaga, attività nella quale era particolarmente efficiente. Con il suo provocatorio esperimento ha fatto emergere la patologica carenza di opinioniste, editorialiste, commentatrici. Vale anche per le oratrici, ossia persone di sesso femminile che dicono la loro parlando a un pubblico vasto. Le poche che sono riuscite a rompere il tetto di cristallo dell'autorevolezza vengono invitate ovunque per garantire la quota rosa. Alla base del maschilismo della società contemporanea c'è proprio una disparità di autorevolezza[14]. In soldoni, le donne vengono considerate meno competenti degli uomini. In retorica si parla di *ethos*, per intendere la credibilità dell'oratore: è un ingrediente fondamentale in un discorso e un aspetto cruciale per essere ascoltati e avere un'influenza nel dibattito pubblico. Non è un'invenzione di ieri, di quattro femministe scalmanate che rivendicano un posto al sole. È un concetto che viene dal quarto secolo avanti Cristo, per essere precisi dalla *Retorica* di Aristotele. Naturalmente il filosofo greco non si riferiva all'emancipazione della donna, ma alla capacità dell'oratore, nel suo pensiero presumibilmente un uomo, di essere ascoltato e di avere un ascendente sul suo uditorio.

L'*ethos* non è il solo elemento necessario per far funzionare un discorso. Lo sono anche il *logos* e il *pathos*. Il primo è la concatenazione logica delle argomentazioni che, se sono ideate e organizzate con sapienza, si agganciano tra loro in modo necessario. Non sembrano «appiccicate» con lo scotch – buttate lì una accanto all'altra – ma creano un ragionamento persuasivo. Il secondo, il *pathos*, è la capacità di coinvolgere l'uditorio, di farlo ridere, piangere, arrabbiare.

Malgrado il *logos* e il *pathos* siano fattori cruciali in un discorso, senza l'*ethos* il castello rischia di traballare o cadere. Ci sono varie strategie per comunicarlo al proprio pubblico. Ma succede spesso che le donne debbano ostentarlo per essere prese in considerazione e recuperare il divario di autorevolezza che le fa remare controcorrente. Margaret Thatcher, la figlia del droghiere che nel 1979 diventa primo ministro della snob e maschilista Gran Bretagna, viene soprannominata dai media *Iron Lady*, Lady di Ferro. In un incontro con i conservatori, fa ironia sul nomignolo che le hanno affibbiato. Inizialmente lo contesta, poi lo fa suo. «Sono qui davanti a voi stasera nel mio abito da sera di chiffon Red Star, con il viso dolcemente truccato e i capelli biondi dolcemente ondulati, la Lady di Ferro del mondo occidentale. Una guerriera della guerra fredda, un'amazzone filistea, persino una complottista di

Pechino. Ebbene, sono una di queste cose? (No!) Be' sì, se è così che... Sì, sono una Lady di Ferro, dopo tutto non è stato un male essere un duca di ferro[15], sì, se è così che vogliono interpretare la mia difesa dei valori e delle libertà fondamentali per il nostro modo di vivere[16].»

La strategia di Thatcher è intelligente. Anche se, a quanto pare, quella definizione che le hanno cucito addosso sembra starle stretta, la fa diventare una bandiera, una sorta di marchio di fabbrica. È un modo per controbattere alle argomentazioni dei detrattori con la loro stessa arma. Prende in prestito quel soprannome invece di contestarlo, per conquistare un *ethos* che, in quanto donna, la società non le riconosce pienamente. La forza retorica sta nell'appropriazione e nella ridefinizione: essere una signora di ferro significa difendere i valori e le libertà del suo Paese. In più, si paragona a un uomo, il duca di Wellington, anche lui accusato di essere «metallico». Insomma, quella che dopo qualche anno diventerà la prima premier donna della Gran Bretagna, accetta pubblicamente il suo nomignolo ma lo fa alle sue condizioni.

1.3 Meno credibili fin dalla nascita

Ogni signora, prima o poi, viene sottostimata e deve faticare per conquistare l'*ethos*, la credibilità che, a differenza degli uomini, non le è stata data in dotazione fin dalla nascita. Quando ero una giovane (ma non la più giovane) consulente di una grande istituzione, venivano organizzate riunioni settimanali. Le persone intorno al tavolo erano tutte consulenti come me o dirigenti pubblici. Ci riunivamo in una sala arredata con grande solennità nella quale io ero quasi sempre l'unica donna. Regolarmente, a un certo punto della riunione, un uomo si girava verso di me e chiedeva: «Vai a prendere l'acqua?» Non ho memoria di una simile richiesta rivolta a un essere umano di sesso maschile. Semplicemente non capitava. La parte tragica della vicenda è che io, malgrado cercassi di assumere un'espressione stupita e seccata, immancabilmente andavo a prendere l'acqua per tutti. Notavo la disparità di trattamento rispetto ai miei colleghi uomini, mi arrabbiavo, facevo la faccia storta, ma non protestavo ed eseguivo gli ordini, giurando che quella sarebbe stata l'ultima volta. Non lo era mai.

Ora, quando sei tu che porti sempre l'acqua, agli occhi degli altri sei inevitabilmente meno autorevole come professionista. Hai un problema di *ethos* grosso come una casa. Una misera consolazione arriva dal fatto che anche le donne di potere hanno vissuto esperienze simili. In un'intervista rilasciata alla giornalista e scrittrice inglese Mary Ann Sieghart[17], la ex presidente dell'Irlanda Mary McAleese racconta della sua udienza da Giovanni Paolo II, avvenuta quando era in carica. McAleese era con suo marito alla testa della delegazione del suo Paese. Nel momento delle presentazioni, il pontefice la sorpassa e va dritto verso suo marito per stringergli la mano e dirgli: «Non preferirebbe essere lei il presidente dell'Irlanda, piuttosto che essere sposato con la presidente dell'Irlanda?» Il marito della presidente si guarda bene dallo stringere quella mano, che viene immediatamente intercettata da Mary McAleese. La presidente rimette a posto il papa con una battuta magistrale, che dovrebbe essere imparata a memoria nei corsi di alta diplomazia: «Lasci che mi presenti. Sono la presidente dell'Irlanda, Mary McAleese, le piaccia o no, eletta dal popolo irlandese». La presidente dell'Irlanda era cattolica e rappresentava un Paese cattolico, ciò malgrado non si era fatta intimorire da sua Santità che, oltre a essere papa, era un uomo fisicamente imponente, un fine politico e indubbiamente un personaggio chiave della storia contemporanea. Mary McAleese ha rimesso al centro il suo *ethos*. Nessuno, neanche il papa, lo doveva calpestare.

La verità è che le donne di potere producono ancora un effetto straniante. Mary Ann Sieghart sostiene che tutti noi, donne incluse, abbiamo una resistenza a subire le decisioni delle donne o anche semplicemente a prenderle sul serio alla stregua di quelle di un uomo. Il divario di autorevolezza comporta che le donne siano ascoltate di meno, pagate di meno e che abbiano carriere decisamente più modeste degli uomini. E comporta anche che siano più insicure.

Molte volte mi sono chiesta perché, da giovane donna femminista, non avessi mai reagito alla richiesta di portare l'acqua nelle riunioni di cui accennavo sopra. Perché non ho mai detto «Questa volta la porto io, ma la prossima volta qualcuno di voi» o anche solo «Ok, chi di voi mi aiuta?», tanto per mandare un segnale. Per anni mi sono detta che non l'ho fatto perché non volevo creare un clima di lavoro conflittuale. Ma è una bugia. La verità è che mi sentivo insicura. Pensavo di essere una specie di miracolata, che aveva avuto la gentile concessione di sedere in quella stanza. A pensarci oggi, una stanza di maschilisti e di grandissimi cafoni.

1.4 Sotto i riflettori

«Mettersi al centro della scena», «autopromuoversi», «essere ambiziose», «cercare il potere», «esercitare il potere». Mi rivolgo alle ragazze e alle signore: avete mai apertamente perseguito questi obiettivi? Non chiedo se ve li siete posti, ma se vi siete adoperate in modo esplicito, e senza infingimenti, per ottenerli. Probabilmente no. Voler stare al centro dell'attenzione, chiedere un aumento o una promozione, voler fare carriera, voler dirigere il lavoro di altre persone sono sentimenti e atteggiamenti che la società regala agli uomini, non alle donne[18]. Anzi, un codice non scritto, ma molto vivo e presente, vuole che la metà della popolazione debba rifuggire anche solo i sentimenti che li animano, per evitare di sembrare volgari e perfide. Insomma «poco femminili».

E allora, una donna che vuole scalare la società come deve fare? Deve aspettare che, prima o poi, il suo valore sia riconosciuto e che qualcuno le dia un'opportunità. Ma, se la signora non si fa avanti, quel «prima o poi» è molto probabile che si traduca in un «mai». È quella che viene chiamata la «sindrome della tiara», con riferimento al copricapo a forma di cono, simbolo di autorità regia o papale. I sintomi di questa malattia, che colpisce di più il sesso femminile di quello maschile, sono «lavorare sodo, portare risultati eccellenti e sperare che le persone accanto a te lo notino e pongano una tiara sulla tua testa! Capita, ma non così spesso![19]» Lo chiarisce la società di consulenza specializzata in negoziazione femminile Negotiating Women, guidata dalla scrittrice ed esperta in materia Carol Frohlinger.

Anche gli uomini soffrono di questa malattia, ma le ragazze e le signore sembrano avere una predisposizione speciale. Ne vedo gli effetti nel mio lavoro di docente di retorica. Come ho anticipato nell'introduzione di questo volume, mi capita di frequente di fare fatica a trovare un numero sufficiente di donne che siano disponibili a prendere la parola. Spesso insieme all'attore e regista Enrico Roccaforte organizzo una Guerra di Parole, un dibattito di retorica tra categorie diverse o tra gruppi di una stessa azienda. Ne abbiamo realizzate in varie versioni, come: studenti universitari contro detenuti, liceali contro avvocati penalisti, studenti degli istituti tecnici contro imprenditori e così via. Capita anche, però, che le due squadre appartengano alla stessa azienda. Si sceglie un tema controverso che diventa l'argomento del dibattito – come, per esempio, *Gli italiani sono razzisti?* – e ogni squadra affronta due *round*; in uno sostiene il pro, nell'altro il contro. I due gruppi di lavoro vengono preparati separatamente e, solo alla fine di questa fase, le squadre stesse decidono quali saranno i loro rappresentanti nel dibattito. Gli altri partecipanti avranno il ruolo degli *spin doctor*, dei consiglieri. Le donne scelgono spesso questo compito ed è molto difficile far cambiare loro idea. Con una dirigente scolastica di un liceo, ci siamo letteralmente disperate perché nessuna ragazza voleva farsi avanti. Ovviamente non potevamo far altro che incoraggiarle, non certo forzarle e tanto meno obbligarle, anche in considerazione del fatto che avevamo a che fare con delle adolescenti. E devo ammettere che, purtroppo, vivo la stessa esperienza nei corsi di retorica delle business school. Anche in questi contesti, non di rado sudo sette camicie per trovare un numero sufficiente di volontarie.

Il problema è diffuso. Con grande passione, la giornalista Sara Cipriani organizza da anni il TEDx di Spoleto, una conferenza annuale in cui vari oratori si succedono sul palco dello storico Teatro Caio Melisso - Spazio Carla Fendi. Ogni anno viene indetto un bando e gli aspiranti oratori si candidano attraverso il sito della manifestazione. Sara mi ha confessato più volte che fatica a trovare oratrici donne. Nel 2022, quando ho avuto il piacere di essere nella squadra, noi signore eravamo solo tre su quattordici, appena il 21%, con grande rammarico di tutti gli organizzatori, non solo di Sara Cipriani.

Mi ha raccontato un'esperienza simile Carla Migliardi che, ormai da sette anni, organizza *Sinergie*, un evento dedicato agli agenti, ai servizi e alla tecnologia per l'immobiliare. Anche Carla fatica a trovare oratrici donne, complice il fatto che il settore in cui opera ha una marcata componente maschile, soprattutto tra i manager. «Nelle aziende del settore immobiliare le donne a livello dirigenziale ci sono, ma dalla mia esperienza spesso preferiscono far emergere altri» commenta Migliardi. E aggiunge: «L'emancipazione della donna in questo settore è recente. Un esempio tra tutti. Le titolari delle agenzie immobiliari lamentano che, quando entra il cliente, vengono spesso scambiate per la segretaria».

Da queste esperienze non emerge solo che le donne stanno ancora scalando la vetta dell'*ethos*, ma anche che, rispetto agli uomini, hanno più paura di sbagliare e di essere giudicate. Ma il vero fallimento è non provare. So che questa affermazione sembra pescata da un manuale di autoaiuto rimediato all'ultimo momento nella libreria di un aeroporto prima di prendere un volo, ma è così. Noi donne dobbiamo combattere una battaglia con noi stesse per imparare a proporci, superando lo stigma della società che, più a parole che nei fatti, ha accettato la nostra ambizione ad avere un ruolo nel mondo del lavoro, ma vuole che ci accontentiamo, che ci fermiamo lì e restiamo defilate.

Credo che la lotta per l'emancipazione della donna passi anche per l'imparare a buttarsi. Se pensiamo che la parità di genere sia davvero un nostro valore, incoraggiamo le nostre figlie, nipoti, amiche, allieve, colleghe e noi stesse a dire un magnifico e liberatorio: «Ci provo, chi se ne frega!»

E se avessi indossato una giacca e una cravatta? Il discorso del divanetto di Ursula von der Leyen

Due poltrone per tre

Nell'aprile del 2021, la presidente della Commissione europea Ursula von der Leyen e il presidente del Consiglio europeo Charles Michel sono in Turchia per incontrare il presidente Recep Tayyip Erdoğan. I due ospiti posano per la foto di rito, davanti alla porta del palazzo, insieme al presidente turco. Ai loro lati sono schierati i militari in uniforme azzurra, lo stesso colore della guida che ricopre lo scalone di ingresso. Poi, insieme al padrone di casa, gli ospiti si avviano verso una grande sala dove avverrà la riunione. Ancora qualche scatto davanti a due imponenti sedie imbottite. Una è posizionata accanto alla bandiera della Turchia e l'altra accanto alla bandiera europea. Quando è il momento di prendere posto, senza indugio Erdoğan e Michel si vanno a sedere sulle due sedie disponibili.

Il problema è che le sedie sono finite e la presidente von der Leyen rimane imbarazzata in piedi per qualche istante. I video ufficiali la riprendono di spalle, quindi non possiamo vedere la sua espressione, peraltro parzialmente coperta dalla mascherina (siamo ancora in tempi di pandemia da Covid). Ma notiamo una mano che si alza, come per dire: «Bene, e io dove mi siedo?» Subito dopo la presidente decide di prendere posto su un divano laterale, di fronte al ministro degli Esteri che, nel protocollo diplomatico, ricopre una posizione gerarchica inferiore.

Sui media internazionali si scatenano le polemiche, su quello che viene chiamato il *sofagate,* lo scandalo del divanetto. La stampa evidenzia la mancanza di rispetto di Erdoğan nei confronti dell'istituzione europea e il suo maschilismo. Ma anche lo sgarbo di Michel, che si guarda bene dal cedere il posto alla carica più alta dell'esecutivo comunitario.

Dopo due settimane di silenzio, Ursula von der Leyen porta il conto, con un discorso nel quale parla chiaro e forte[20].

La domanda retorica di von der Leyen

L'*incipit*, l'inizio del discorso, pronunciato in occasione della plenaria del Parlamento Europeo, fa subito emergere che la presidente von der Leyen è decisamente contrariata. Dopo i saluti di rito, ribadisce qual è il suo ruolo. E lo ripete tre volte. Come per dire: spero che vi sia entrato in testa una volta per tutte! Il discorso è scritto e, di tanto in tanto, la presidente guarda il testo, quindi l'*iterazione* non sembra il frutto del trasporto del momento. È voluta, pianificata a tavolino. Inoltre l'oratoria della presidente è sempre estremamente controllata. Non è un personaggio politico che si lascia prendere dalle emozioni che emergono durante il discorso.

Von der Leyen non ci gira intorno, evidenziando come il presidente della Turchia le abbia mancato di rispetto perché è una donna.

«Sono la prima donna ad essere *presidente della Commissione europea*. Sono la *presidente della Commissione europea*. Ed è così che mi aspettavo di essere trattata, quando ho visitato la Turchia due settimane fa, come una *presidente della Commissione*, ma non è stato così. Non riesco a trovare alcuna giustificazione nei trattati europei per il modo in cui sono stata trattata. Quindi, devo concludere, è successo perché sono una donna.»

Arriva ora la domanda delle domande, la *domanda retorica*.

È retorica – e non una semplice domanda aperta – perché von der Leyen non si aspetta di ottenere una risposta. Vuole solo dare enfasi al suo disappunto.

«Sarebbe successo se avessi indossato una giacca e una cravatta? Nelle foto delle riunioni precedenti, non ho visto carenza di sedie. Ma d'altra parte, non ho visto nemmeno donne in queste foto.»

Una confessione colpisce l'uditorio: Ursula von der Leyen rivela quale è stato il suo sentimento. Cosa ha provato nel rimanere lì in piedi, davanti ai due uomini che si accaparravano i posti disponibili. Non dice di essersi sentita oltraggiata o disgustata, ma «ferita e sola». Due sentimenti molto femminili, non perché gli uomini non li provino ma perché difficilmente sarebbero disposti a rivelare pubblicamente di averli provati. La presidente dimostra coraggio e determinazione nel condividerli con il mondo intero e noi ci immedesimiamo con lei. Quante volte ci siamo sentiti così, ma non abbiamo avuto il coraggio di ammetterlo.

Il sentimento personale è la chiave per allargare il discorso: von der Leyen si è sentita ferita e sola come persona, ma anche come rappresentante delle donne e dell'Europa intera.

«Molti di voi avranno fatto esperienze simili in passato. Specialmente i membri femminili di questo Parlamento, sono sicura, sanno esattamente come mi sono sentita. Mi sono sentita ferita e lasciata sola. Come donna e come europea. Perché questo non riguarda la disposizione dei posti a sedere o il protocollo. Questo va al cuore di ciò che siamo. Riguarda i valori che la nostra Unione rappresenta. E questo dimostra quanta strada dobbiamo ancora fare prima che le donne siano trattate alla pari. Sempre e ovunque.»

Il discorso è anche un'occasione per sferrare un pubblico attacco a Erdoğan. La Turchia è stata il primo Paese a ratificare la Convenzione di Istanbul del Consiglio d'Europa del 2011, che stabilisce le misure che i governi devono adottare per la prevenzione e la condanna della violenza contro le donne e la violenza domestica. La Convenzione prevede la predisposizione di rifugi, linee telefoniche di emergenza, consulenza psicologica e assistenza medica per le vittime, nonché attività di sensibilizzazione sull'uguaglianza di genere e la sessualità. Nel marzo 2021, un mese prima, il presidente turco aveva firmato un decreto per revocare la partecipazione del suo Paese.

«[La Convenzione] è un testo giuridico innovativo e un documento che ispira. È il primo strumento vincolante a livello internazionale che adotta un approccio ampio per combattere la violenza contro le donne e i bambini. La Convenzione proibisce la violenza psicologica, le molestie sessuali e lo *stalking*. E mette al bando la violenza domestica. Non ho bisogno di dirvi quanto questo sia importante [...].

Ho approfittato dell'incontro ad Ankara per ribadire la mia profonda apprensione per il ritiro della Turchia dalla Convenzione. Il ritiro di uno dei membri fondatori del Consiglio d'Europa è un segnale terribile.»

Ursula von der Leyen tira poi le orecchie ai membri dell'Unione Europea che non hanno ratificato la Convenzione. Per far emergere la rilevanza del problema della violenza su donne e bambini, attribuisce al fenomeno un'etichetta, facendolo rientrare, a scanso di equivoci, nel campo semantico della parola «crimine».

«Per essere credibili, tuttavia, non dobbiamo solo criticare gli altri. Per essere credibili, dobbiamo anche agire a casa nostra.

Lo sapete tutti. Diversi Stati membri dell'UE non hanno ancora ratificato la Convenzione. E altri stanno pensando di abbandonarla. Questo non è accettabile. La violenza contro le donne e i bambini è un crimine. Dobbiamo chiamarlo un crimine e deve essere punito come tale. Ecco perché voglio che la stessa UE aderisca alla Convenzione di Istanbul. Questa rimane una priorità per la mia Commissione.»

In seguito, per dimostrare di cosa sono capaci le donne quando vengono date loro le opportunità, racconta del suo incontro in Belgio con Özlem Türeci, la scienziata di origine turca cofondatrice di BioNTech, l'azienda che ha sviluppato il primo vaccino approvato a base di RNA messaggero contro il Covid 19. Infine sottolinea come il rispetto dei diritti delle donne, l'accettazione delle sentenze della Corte europea dei diritti dell'uomo e il ruolo di moderazione della Turchia nel Mediterraneo orientale siano i presupposti per intensificare la cooperazione economica con il Paese. Chi vuole intendere intenda.

Con il suo stile moderato, Ursula von der Leyen ha lanciato un messaggio, che vale per il presidente turco, ma serve a tutti come ripasso, anche se dovrebbe essere l'abc. Nessuno può permettersi di mettere in discussione che le donne abbiano pieno titolo di ricoprire ruoli di potere. Non c'è cultura, tradizione o protocollo diplomatico inventato che tenga. I diritti sono diritti, e basta. E mi aspetto che – al di là dei buonismi, dei relativismi e dell'ostentato o timoroso rispetto per antropologie e religioni – questa diventi la battaglia di tutti, di tutte, di tutt*, di tuttə. Diciamolo come ci pare, ma non tiriamoci indietro.

2

Ode al femminismo

2.1 Femminista di nome, Arrabbiata di cognome

Qualche tempo fa ero a una cena. Tra i commensali c'era una giornalista cordiale e vivace. A un certo punto finiamo a parlare di diritti delle donne e lei, con fermezza, si schermisce «Per carità, io non sono certo femminista!» Casco dalle nuvole. Come è possibile, penso, che una donna indipendente ed emancipata non si dichiari femminista? C'è qualcosa che mi sono persa, un fenomeno che si è verificato mentre io dormivo beatamente? Nei giorni successivi, chiedo in giro, faccio ricerche, mi documento e scopro che sono molte le donne che non si definiscono in questo modo. Sono signore e ragazze che non sono necessariamente contrarie all'emancipazione femminile, anzi molte di loro ne condividono i valori. Però sono convinte che il problema sia sostanzialmente superato o che i risultati ottenuti fino a oggi siano accettabili. Oppure sono donne favorevoli alla parità di genere, ma che non si riconoscono in un certo femminismo aggressivo o nello stereotipo di chi si definisce tale: sempre arrabbiata, nemica degli uomini, sciatta e con i baffi.

Confesso di condurre una battaglia settimanale contro la peluria sopra il labbro. Ho imparato che non bisogna cantare vittoria, fino a quando non ci si guarda, al tramonto, nello specchietto retrovisore della macchina. È lì che scopri improvvisamente di essere una parente stretta di Tom Selleck (ma senza gli occhi azzurri) che, per i più giovani, è l'attore baffone che intrepretava Magnum P.I. nel telefilm omonimo degli anni Ottanta. Rivelazioni estetiche a parte, penso che ogni donna sia libera di fare quello che vuole con il proprio corpo. Può andare in giro con le ascelle pelose, le labbra a canotto, le unghie a rastrello o – dramma dei drammi, dal mio punto di vista – persino con le Birkenstock ai piedi. Sono tutte scelte che rientrano nel capitolo degli «affaracci suoi».

Chiaramente, lo stile comunica. Proprio per questo vale la pena preoccuparsi che sia coerente con i valori che vogliamo rappresentare, soprattutto quando decidiamo di rompere gli schemi. Per contro, dobbiamo preoccuparci anche che i valori in questione siano legittimi e rispettosi. Una volta che ci si è assicurati di questo, vige il principio delle scelte e dei gusti personali.

Tornando al femminismo, una ricerca Eurispes rivela che in Italia «meno della metà delle donne intervistate si reputa femminista (il 46,3%, di cui solo il 10,6% "molto" e il 35,7% "abbastanza")» e che «il 46,3% tra loro non ha interesse a tenersi informata su quanto accade nel mondo in merito ai diritti delle donne»[21]. Non credo che la totalità delle «non femministe» voglia tornare a una società in cui gli uomini decidevano per loro o che facciano salti di gioia all'idea di guadagnare meno di un uomo a parità di competenze e mansioni. Credo piuttosto che rifiutino l'interpretazione del femminismo in chiave *nazi*. Insomma che rifuggano quegli atteggiamenti intransigenti che portano ad affermazioni campate per aria, come che gli uomini siano dannosi e che, in fin dei conti, si possa fare a meno di loro. La stessa Lilli Gruber, voce autorevole e appassionata in materia di diritti delle donne, in un'intervista sul suo libro *Basta! Il potere delle donne contro la politica del testosterone*[22], ammette: «Da tempo covavo l'idea di scrivere qualcosa a tema donne, anche se non mi sarei mai definita *femminista*, anzi sono stata molto critica nei confronti delle quote rosa. Se sei più brava, sceglieranno te, pensavo[23]».

All'immagine negativa della parola «femminismo» hanno contribuito anche i film di Hollywood, che hanno fatto apparire la così detta «donna in carriera» – con gonna attillata e tacchi talmente alti da rischiare a ogni passo di rompersi un femore – come nevrotica, irrisolta, individualista e cattiva. Insomma, se a una delle protagoniste di questi film piace il suo lavoro, diventa immediatamente una donna senza cuore e la sua vita sentimentale va a rotoli. A meno che, ovviamente, non sia un'avvocata pro bono. Ma anche in quel caso, si deve dare una calmata, altrimenti diventa una *pasionaria* insopportabile, che prima o poi finirà per vivere da sola con dodici gatti. La cosa importante è che non guadagni bene. L'esiguità dello stipendio assolve la donna hollywoodiana da una colpa che non può essere lavata: amare il proprio lavoro e ottenere i conseguenti riconoscimenti materiali. Va da sé che l'uomo che alle sette del mattino è già in ufficio in Goldman Sachs, guadagnando palate di soldi, viene osannato come un eroe contemporaneo. È un *workaholic*, un malato di lavoro, ma lui sì che merita il successo: non solo in ufficio, anche in amore.

Urge quindi una definizione di femminismo. Mi viene in soccorso il vocabolario della lingua italiana Devoto-Oli, che recita: «Storicamente, il movimento diretto a conquistare per la donna la parità dei diritti nei rapporti civili, economici, giuridici, politici e sociali rispetto all'uomo». Poi aggiunge un'estensione del significato: «il movimento, ampio e articolato, che tende a porre l'accento sull'antagonismo donna/uomo, nel sociale come nel privato, e a realizzare una profonda trasformazione culturale e politica, riscoprendo valori e ruoli femminili in senso antitradizionale». L'accezione dell'«antagonismo donna/uomo» deve aver indotto alcune tra noi a chiamarsi fuori.

Ripensando alla mia educazione familiare, ricordo l'idea estremamente pragmatica di emancipazione femminile che aveva mia madre Francesca Bonora, nata nel 1938: una donna che lavora, in modo da essere economicamente indipendente; una donna che sa guidare, in modo da poter andare dove vuole, senza dover chiedere a nessuno di essere accompagnata e, ultimo ma non ultimo, una donna che non si sposa vergine, in modo da poter fare i dovuti confronti e decidere se la sua vita sessuale la soddisfa. Mi sono sempre sembrati tre ottimi punti di partenza.

2.2 Vogliamo il potere

La prima volta che, da ragazza, ho visto una donna guidare un autobus mi è sembrata una cosa stranissima. L'ho raccontato a tutti come una scoperta davvero esotica.

Oggi, quando capita, lo noto, perché a Roma, la mia città, le autiste sono ancora delle mosche bianche, ma non mi viene certo in mente di chiamare gli amici per condividere la grande novità. Così come io non ero abituata a vedere donne al volante di un mezzo pubblico, allo stesso modo non siamo abituati al potere femminile, considerando che per millenni ci hanno proposto ben altri modelli.

L'esperta inglese di cultura classica Mary Beard sottolinea come, fin dall'antichità, le donne siano state sempre ridotte al silenzio[24]. Cita un esempio tra tanti. Nel primo libro dell'*Odissea* di Omero, Penelope chiede a Femio – l'aedo, ossia il cantore – di interpretare qualcosa di diverso dai «tristi casi» che riguardano il ritorno da Troia degli eroi greci: «Ma smetti questo cantare / straziante». La canzone infatti le fa tornare alla mente l'infinita attesa di Ulisse. Però l'imberbe figlio Telemaco la invita a tornare nelle sue stanze per occuparsi del fuso e del telaio, facendole presente che i discorsi sono cose da uomini. Poi, a scanso di equivoci, chiarisce che lui è il padrone di casa: «Su, torna nelle tue stanze e pensa all'opere tue / telaio e fuso; [...] al canto pensino gli uomini / tutti, e io sopra tutti; mio qui in casa è il comando».

Beard evidenzia come zittire le donne sia un classico tra i classici. Nel vero senso della parola. Se ne trovano esempi in Aristofane, Ovidio e Plutarco, solo per citarne alcuni.

Il problema è che la negazione del diritto di parola è l'altra faccia della medaglia della negazione del potere: non puoi parlare, non puoi decidere, non puoi comandare. Le donne che rompono questo incantesimo vengono guardate con stupore, e con un certo sospetto, proprio come le prime autiste dell'autobus. *Ma saranno capaci? Che cosa si sono messe in testa? Chi si credono di essere?* È il destino di chi per primo sovverte quelli che la consuetudine ha fatto diventare stereotipi, cioè scorciatoie del pensiero. Si tratta di normali processi mentali che tutti noi mettiamo in pratica per ridurre la complessità del mondo che ci circonda. In altre parole, gli stereotipi semplificano la realtà, per semplificarci la vita. Ossia per facilitare il nostro processo cognitivo. Ma creano inevitabilmente degli schemi mentali rigidi, dai quali è difficile uscire: gli autobus li guidano gli uomini, le donne nei contesti pubblici devono tacere, il potere è maschio... Gli stereotipi ci rendono pigri e chi li infrange ci destabilizza. Forse è per questo che le donne che cercano il potere non piacciono. Lo sanno bene le signore che hanno scelto una carriera politica, che vengono insultate e minacciate più dei loro colleghi uomini. Lo conferma uno studio che ha analizzato il linguaggio d'odio su Twitter, in occasione delle elezioni politiche italiane del 2022[25]. Oltre agli insulti, sono i verbi utilizzati a risultare particolarmente spaventosi: «violentare», «stuprare», «colpire». Stupisce in modo particolare che, a gettare secchiate di odio, non siano solo gli utenti maschi, ma anche le utenti di sesso femminile.

Non si tratta di un fenomeno solo italiano, tanto che il Consiglio d'Europa ha pubblicato una raccomandazione per la *Lotta al sessismo contro le donne in politica a livello locale e regionale*[26], per invitare gli Stati membri a mettere in atto misure di verifica, controllo e prevenzione. La raccomandazione evidenzia come, a causa delle minacce subite, alcune donne si siano autocensurate o siano arrivate a rinunciare alla politica. Una situazione che «compromette i fondamenti della democrazia». È opportuno ricordare che il Consiglio d'Europa non è una delle istituzioni dell'Unione Europea e le sue raccomandazioni non hanno un grande impatto nella politica dei Paesi membri. Tuttavia è interessante che si siano espressi su un tema che è diventato ormai rilevante.

Come diceva Rino Formica «la politica è sangue e merda». Un gioco duro, in cui gli insulti si sprecano, così come soprannomi ed epiteti. Alcide De Gasperi veniva chiamato *polenta fredda*, in quanto non era considerato proprio un simpaticone; Aldo Moro *il dottor Divago*, per la sua tendenza a essere prolisso; fantasia al potere per Giulio Andreotti che è stato *Belzebù*, *il gobbo*, il *papa nero*, ma anche il *divo Giulio*. Ancora: Bettino Craxi era il *cinghialone*; Silvio Berlusconi *sua emittenza*, *papi*, *psiconano*; Mario Monti si è conquistato il soprannome di *rigor montis*, in puro latinorum; fino ad arrivare a Renato Brunetta, l'*energumeno tascabile* o *il nano*. L'ultima ad attaccarlo è stata la deputata Marta Fascina, compagna di Silvio Berlusconi. Brunetta, ospite di *Mezz'ora in più* di Lucia Annunziata, si è sfogato confessando che le prese in giro per la sua statura lo accompagnano da tutta la vita. Con sincerità e coraggio, ha ammesso: «Ho sofferto, e continuo a soffrire. Non mi è passata»[27].

Beccarsi gli insulti, dunque, fa parte del gioco della politica? Evidentemente sì, ma, come ha fatto emergere Renato Brunetta, c'è un limite. E, soprattutto, dobbiamo riflettere sul perché la categoria femminile sia particolarmente bersagliata. La donna che aspira al potere – o che riesce a trovare un varco in quel muro che la vuole tenere fuori – sembra essere ancora un'usurpatrice. Una che sta lì ma non se lo merita o non è una vera donna (come se ci fosse solo un modo per esserlo) o, mentre sta lì, sta facendo soffrire i suoi figli e sta mortificando il suo povero marito. Insomma un essere umano che ha una sua sgradevolezza e, in quanto tale, merita di essere insultato. Su questo aspetto la società deve crescere e fare un deciso passo avanti. Vi piaccia o no, le donne hanno tutto il diritto di cercare il potere, di ottenerlo e di esercitarlo.

2.3 Donne che aiutano le donne

Qual è la cosa più bella dell'essere invitati a dire la propria opinione in un programma televisivo? Certamente è il riconoscimento della validità del tuo lavoro oppure la possibilità di raccontare a migliaia di persone un tema che ti sta a cuore o anche, non lo nego, che i tuoi amici ti mandino i *whatsapp* per complimentarsi o che gli sconosciuti ti salutino per strada. Devo però confessare che una delle cose più piacevoli per me è che arrivi prima, ti siedi su una comodissima poltrona con il poggiatesta e una mano professionale ti trucca. Pensi subito a cosa farai. Devi organizzare un'uscita, certo non puoi abbrutirti sul divano davanti a una serie, come fai tutte le sere dopo aver caricato la lavastoviglie.

In realtà, per me, godersi il momento del trucco è un modo per scaricare la tensione. Per chi non lo fa tutti i giorni, essere ospite di un programma televisivo comporta sempre un po' di ansia: anche se non sei nessuno, come nel mio caso, hai paura di dire una sonora scemenza che i social media riproporranno all'infinito e per la quale i tuoi figli saranno costretti a vergognarsi di te negli anni a venire.

Recentemente sono stata invitata a partecipare a un programma. Entro in studio e mi adagio felicemente su quella poltrona. La truccatrice mi getta uno sguardo, poi si avvicina per vedermi meglio e una domanda le esce dal cuore: «Ma perché *nun* te rifai?» Sbam! Così, brutale come una sportellata sulla faccia. Ora, se vuoi incoraggiare una persona che, lo puoi immaginare, sta per affrontare un compito nei confronti del quale può sentirsi anche solo un po' in difficoltà, non credo sia la cosa più appriopriata da dire.

Un'opinione comunemente diffusa vuole che le donne possano essere particolarmente carogne con le altre donne. Al di là di questo episodio più comico che tragico, direi fortunatamente che nel mio percorso lavorativo ho ricevuto solidarietà e aiuto da colleghe e committenti. Tuttavia bisogna ammettere che in una società che vive ancora il potere femminile come quota contingentata, anche dove le quote non sono obbligatorie per legge, i posti per le donne sono sempre pochi, anzi pochissimi. Non solo, quei pochi ruoli di responsabilità vera – quelli che non rientrano nella categoria sfigata del *ti ripaghiamo caricandoti di mansioni, non con i soldi che daremmo a un uomo* – vengono fatti percepire come un traguardo tanto elitario, quanto solitario. «L'eletta è il miglior cane da guardia del patriarca» sintetizza Michela Murgia, secondo la quale i sistemi maschilisti alimentano il mito delle *donne come peggiori nemiche delle donne*, in quanto è funzionale al mantenimento dello status quo[28].

Insomma, e non è un buonismo ruffiano, è sempre utile

ribadire quanto sia meglio la collaborazione della competizione. *Harvard Business Review* riporta uno studio su come la collaborazione di una cerchia ristretta di contatti femminili aiuti le donne che hanno ottenuto un master in *business administration* ad accedere a ruoli dirigenziali[29]. Secondo questa indagine, per ottenere progressioni di carriera, entrambi i sessi traggono giovamento dalla forza delle relazioni. Va da sé che la ricerca non fa riferimento alle raccomandazioni, ma alla condivisione delle informazioni sulle aziende che assumono e su quali siano le reali opportunità di crescita, al di là di quanto viene scritto negli annunci di lavoro. Se per gli uomini è sufficiente avere una rete di contatti, le donne sono invece facilitate quando, all'interno di quella rete, possono contare anche su un circolo di amiche che le consiglia. Secondo i ricercatori, questo è dovuto agli ostacoli culturali che i colleghi maschi non sono costretti ad affrontare. Per le donne risulta infatti utile scambiarsi suggerimenti sull'atteggiamento di un'organizzazione nei confronti delle candidate di sesso femminile, in modo da affinare le strategie di ricerca, colloquio e negoziazione.

In sintesi, proprio perché i posti in palio sono pochi, conquistiamo risultati migliori se costruiamo alleanze, mentre ne otteniamo di meno se ci aggiriamo nel bosco della società maschilista come lupe solitarie. Sembra una contraddizione, ma spesso le cose controintuitive sono profonde verità. Nei fatti, questo si traduce nell'incoraggiare le altre donne a provare, esporsi e prendere la parola; nel riconoscere i meriti delle giovani collaboratrici; nel non aver paura della bellezza e giovinezza delle altre; nel solidarizzare con quelle che impazziscono tra ufficio e bambini, anche se noi non abbiamo avuto figli e così via.

Una citazione che viene immancabilmente riportata quando si parla di solidarietà femminile appartiene a Madeleine Albright, la prima segretaria di Stato donna nella storia americana. Albright ha dichiarato più volte che «c'è un posto speciale all'inferno per le donne che non aiutano le altre donne». Attente perché, oltre ai pentoloni e ai diavoli, ci troverete signore come la perfida truccatrice. Vi stanno aspettando.

Non sono la puttana di un uomo. Il discorso contro la misoginia di Julia Gillard

Partenza in salita

La prima premier australiana Julia Gillard, in carica dal 2010 al 2013, pronuncia nel 2012 al Parlamento quello che è passato alla storia come il «misogyny speech», il discorso contro la misoginia. Oltre a essere una donna di potere, Gillard non ha figli, non è sposata ed è atea. Una tripletta che, per le menti intrappolate dagli stereotipi maschilisti, non la rende certamente una delle donne più rassicuranti della terra.

Non sempre, anzi quasi mai, i discorsi partono dalle migliori premesse. In alcuni casi ci troviamo a difendere l'indifendibile. È il caso della premier australiana, che deve pronunciare un discorso in favore di Peter Slipper, lo speaker della Camera, accusato di molestie sessuali per aver mandato degli sms misogini nei quali, con innegabile fantasia, definiva l'organo sessuale femminile «una cozza senza guscio in salamoia»[30]. Dunque una partenza complicata per Julia Gillard. Infatti il leader dell'opposizione Tony Abbott prende la palla al balzo e l'accusa di sessismo: una donna che difende un presunto molestatore. Vista sotto questo punto di osservazione, la faccenda sembra rientrare nel capitolo «ti piace vincere facile».

In realtà quella di Abbott si rivela una mossa sbagliata, in quanto offre a Gillard una magnifica opportunità retorica. La premier infatti ribalta la critica, ricordando tutte le volte in cui

Abbott l'ha attaccata in modo misogino. Insomma, sposta il centro della discussione. Il focus non è più il comportamento molesto di Slipper, ma la doppia faccia del leader dell'opposizione: l'accusa di sessismo, proprio lui che le ha rivolto insulti smaccatamente sessisti. Gillard ha preparato una lunga lista.

L'anafora di Gillard

Il discorso di Julia Gillard è una vera e propria invettiva, un'allocuzione di accusa dai toni concitati. La premier colpisce per l'energica indignazione. Ma è una collera sotto controllo che non le incrina la voce, come può capitare a chi non è abituato a gestire il conflitto. Le bordate più potenti sono preparate. Gillard le ha scritte su un foglio per non dimenticarle. Nella furia, vuole essere precisa.

Sui divanetti verdi degli spalti, siedono i membri del Parlamento, che commentano animatamente i passaggi del discorso parlandole sopra, come fossero gli avventori di una bisca che incitano due giocatori la cui partita a poker è finita in lite. Siamo portati a pensare che le aule parlamentari anglofone siano educate e compassate, ma non è così. Possono diventare veri e propri ring verbali.

Gillard è in piedi, si rivolge all'aula e poi indica con il dito il leader dell'opposizione.

«Non prenderò lezioni sul sessismo e la misoginia da quest'uomo. Non lo farò. E il governo non si farà dare lezioni di sessismo e misoginia da quest'uomo. Né ora né mai.» Abbott la guarda con aria di sfida e accenna un sorriso ironico.

La premier continua con una provocazione: lo specchio. Un dettaglio, un oggetto quotidiano, che apre le porte a un concetto più ampio. In questo caso a un'accusa.

«Il leader dell'opposizione dice che le persone che hanno opinioni sessiste e che sono misogine non sono adatte a ricoprire alte cariche. Spero che il leader dell'opposizione abbia un pezzo di carta e stia scrivendo le sue dimissioni. Perché se vuole sapere com'è la misoginia nell'Australia moderna, non ha bisogno di una mozione alla Camera, ma di uno *specchio*. Ecco di cosa ha bisogno.»

Poi mostra la «mercanzia» che ha preparato, le citazioni delle idiozie maschiliste dette da Abbott non «quando era uno studente» ma nel suo ruolo di ministro: «Se è vero che gli uomini hanno in generale più potere delle donne, è una cosa negativa?» e va avanti con le citazioni: «E se gli uomini fossero, per fisiologia o temperamento, più adatti a esercitare l'autorità o a impartire comandi?»

I toni si scaldano ulteriormente quando Gillard lancia un'*anafora*, la ripetizione delle stesse parole all'inizio di periodi successivi. Con le dovute differenze sul tema e il contesto, è la stessa figura retorica utilizzata da Martin Luther King quando, nel suo famosissimo discorso del 1963 a Washington, ripete in modo ossessivo «Io ho un sogno». La premier australiana ripete invece l'espressione «mi sono sentita offesa».

«Mi sono sentita personalmente offesa quando il leader dell'opposizione, in qualità di ministro della Sanità, ha detto, e cito, "L'aborto è la via d'uscita più facile".

Mi sono sentita personalmente offesa da quei commenti. Lei lo ha detto nel marzo 2004, le suggerisco di controllare le registrazioni.

Mi sono sentita estremamente offesa, anche a nome delle donne australiane, quando, nel corso della campagna sul *carbon pricing*, il leader dell'opposizione ha detto: "Quello che le casalinghe australiane devono capire mentre stirano...". Grazie per aver dipinto il ruolo delle donne nell'Australia moderna.

E poi, naturalmente, mi sono sentita offesa anche dal sessismo, dalla misoginia del leader dell'opposizione che mi ha gridato: "Se il primo ministro vuole, politicamente parlando, fare di sé stessa una donna onesta...", cosa che non sarebbe mai stata detta a nessun uomo seduto su questa sedia.

Mi sono sentita offesa quando il leader dell'opposizione, davanti al Parlamento, ha posato accanto a un cartello con la scritta *Abbandonate la strega*.

Mi sono sentita offesa quando il leader dell'opposizione si è messo accanto a un cartello che mi descriveva come la *Puttana di un uomo*.»

Il discorso riprende in seguito la stessa *anafora*, usata in precedenza. La premier sottolinea come si sia sentita offesa anche dal comportamento di Slipper (quello delle cozze), che non è poi così distante da quello di Abbott.

«Per quanto riguarda il comportamento di Slipper e gli sms che sono di dominio pubblico, ho visto i resoconti della stampa.

Sono offesa dal loro contenuto.

Sono offesa dal loro contenuto perché sono sempre offesa dal sessismo.

Sono offesa dal loro contenuto perché sono sempre offesa dalle dichiarazioni contro le donne [...].

Sono offesa da quegli sms. Ma credo anche che [...] questo Parlamento dovrebbe riconoscere che è in corso un processo.»

La reazione dei media australiani è inizialmente tiepida. Si rendono conto che la premier del loro Paese ha pronunciato un discorso epocale solo quando il video fa il giro del mondo, viaggiando sulle ali dei social media. Dieci anni dopo, Julia Gillard – intervistata dalla scrittrice ed esperta di cultura classica Mary Beard, che abbiamo già incontrato in questo capitolo – riporta il commento di una ragazza, la quale osservava che, grazie al *misogyny speech,* aveva visto per la prima volta una donna a suo agio nel gestire pubblicamente la rabbia[31]. Gillard sottolinea come la manifestazione della rabbia femminile sia vista spesso come uno sfogo o un isterismo, non come l'espressione controllata, organizzata e strategica di un sentimento.

Certi discorsi possono cambiare il mondo. E quello di Gillard ha dato il suo contributo, facendolo diventare meno maschilista. La sua abilità retorica è stata trasformare una vicenda incresciosa, insomma una rogna, in un discorso universale sulla parità e il rispetto. Da una cozza senza guscio in salamoia ai diritti delle donne. Ecco perché i discorsi non sono solo parole.

3

Sto dietro le quinte

3.1 I miei terrori

Immaginate che di fronte a voi ci siano Michelle Obama, non solo ex first lady degli Stati Uniti d'America, ma anche avvocata e scrittrice; Amal Clooney, avvocata specializzata in diritto internazionale e diritti umani, e Sara Sidner, inviata e conduttrice della CNN. Queste tre prodigiose signore confessano di vivere momenti in cui si trovano a dubitare delle proprie capacità. Ancora oggi, malgrado siano donne adulte e abbiano avuto conferme non proprio banali dalla loro vita[32].

È tutta scena? Probabile. È gente che cade sempre in piedi? Senza dubbio; ed è un privilegio sul quale non può contare la maggior parte delle persone nel mondo. Ma bisogna anche mettere in conto che, quando la posta si alza, si amplificano le aspettative dei media e dell'opinione pubblica, per non parlare dell'eventuale risonanza in caso di un passo falso. Dando per buona la loro sincerità, trovo lodevole l'intento di queste signore di condividere le loro incertezze con le altre donne, con tutte noi. «Mettiamo in discussione il nostro valore e la nostra rilevanza. Mettiamo in discussione il nostro aspetto, il modo in cui parliamo, da dove veniamo. C'è gente di potere nel mondo che vuole che restiamo piccole, che vuole che siamo insicure. E la nostra cultura rinforza questi sentimenti. [...] Te li porti sempre dietro, non importa quanto vai lontano» afferma con passione Michelle Obama. «Adesso che sono adulta posso dire di avere un valore. [...] Non perché sono seduta qui. Lo avevo quando avevo tre, cinque e dodici anni. E dico a voi, ragazze che siete lì fuori: lo avete anche adesso. Dovete solo prendervi il tempo per rendervene conto. E dovete essere pazienti. Perché il processo richiede una vita intera» conclude la ex first lady degli Stati Uniti e consiglia di occupare il tempo necessario per acquisire una maggiore consapevolezza di sé, facendo i compiti, studiando e impegnandosi. In altre parole, investendo sulla propria cultura.

Un ottimo suggerimento, malgrado lo studio, che è un eccellente punto di partenza, non sempre sia sufficiente. Se volessimo stilare una lista di quello che manca alle donne per colmare il divario che le separa dagli uomini nella vita pubblica e lavorativa, dovremmo tirare fuori un foglio di carta chilometrico, per annoverare sciagure endemiche come, solo per citarne tre, la mancanza degli asili nido, la latitanza della scuola per tre mesi l'anno e la cultura maschilista. Ma, oltre a questi aspetti che è sempre utile ribadire, ce n'è un altro che è quasi inconfessabile: la paura. Come sostiene Michelle Obama, le donne soffrono più degli uomini – che ovviamente non ne sono immuni – del timore di non essere adeguate. Si sottostimano in continuazione. E, se lo fanno loro, finiscono per convincersene anche i loro colleghi, familiari, insegnanti e datori di lavoro.

Secondo Sheryl Sandberg, ex direttrice operativa di Facebook e fondatrice di Lean In, è proprio questo sentimento a essere alla base del divario delle ambizioni tra uomini e donne. Nel suo libro *Facciamoci avanti*[33], cita i manifesti con le frasi motivazionali che vedeva appesi sulle pareti degli uffici di Facebook. Devo dire che ho sempre trovato quei manifesti assolutamente ridicoli. Mi è capitato più di una volta di vederli in bella mostra nelle aziende e nelle scuole di formazione manageriale. Recitano frasi idiote come «Make each day your masterpiece» (Fai di ogni giorno il tuo capolavoro) o «A winner is a dreamer who never gives up» (Un vincitore è un sognatore che non molla mai) e scemenze del genere. Chiaramente sono sempre in inglese, come se l'ufficio fosse un'enclave statunitense a Pomezia, ma, tolto il velo della lingua, quelle frasi, tradotte in italiano, rivelerebbero la loro vera natura.

Devo ammettere però che, nonostante i miei pregiudizi sulle massime che dovrebbero insegnarti a vivere, ce n'è una citata da Sandberg che ho trovato illuminante, perché ha toccato una corda dentro di me: «Che cosa faresti se non avessi paura?» Eh, farei un sacco di cose! Alcune probabilmente molto stupide – quindi viva la paura, quando ci salva dal cacciarci nei guai –, ma farei anche tante cose intelligenti e utili. Anzi, dirò di più, le cose migliori le ho fatte (e ne sono fiera) proprio nel momento in cui mi sono liberata di tanti miei timori.

Ho passato la prima parte della mia vita ad avere paura. Paura di non essere abbastanza carina (e allora? E poi chi è che lo decide?); paura di indossare un costume da bagno (ma siamo matti? Non si può avere paura del proprio corpo); paura di essere bocciata agli esami universitari, malgrado studiassi come una pazza; paura di non essere all'altezza del lavoro che svolgevo. Quanto tempo ho sprecato e quante energie ho buttato nel faticoso e quotidiano impegno per convivere con la prefigurazione della mancata accettazione sociale e del fallimento. Chi ha paura non è necessariamente impietrito, le cose può farle lo stesso. Ma con tanta fatica in più. E non di rado peggio di chi non è attanagliato da questo sentimento.

Ma c'è di più: la paura mi ha spesso impedito di esplorare le mie attitudini. Non che io ritenga di averne di particolari, ma quelle poche che ho stavano lì nascoste e inutilizzate. Quanto spreco. Per troppo tempo mi sono concentrata sul coltivare obiettivi che ritenevo meno ambiziosi, come stare nelle retrovie e organizzare il lavoro creativo degli altri. Mi sono auto-ingannata e non ho ammesso con me stessa le mie passioni solo per la paura di affrontarle, alzare la posta e cadere. Insomma, mi acquattavo dietro le quinte pur di non ammettere che sulla scena ci volevo stare io.

3.2 Il nuovo problema senza nome

Non tutti i problemi hanno un nome. E, finché non lo hanno, è difficile affrontarli.

Nel 1963 la studiosa e attivista americana Betty Friedan pubblica un brillante volume dal titolo *La mistica della femminilità*[34]. Il suo lavoro prende le mosse dall'abbassamento dell'età media del matrimonio delle donne nell'America della fine degli anni Cinquanta e dal fenomeno dei fidanzamenti precoci, con un numero considerevole di ragazze «promesse» a soli 17 anni. Non solo. Dal 1920 al 1958, la percentuale, rispetto agli uomini, delle donne iscritte all'università era scesa di 12 punti e il 60% delle ragazze abbandonava l'università per sposarsi.

Nell'Ottocento le donne avevano lottato per avere accesso all'istruzione superiore e la Seconda guerra mondiale aveva portato loro una certa indipendenza, dovuta all'allontanamento degli uomini dalle famiglie. Nel dopoguerra, invece, questi traguardi sembravano aver subito una battuta d'arresto.

In particolare, Friedan concentra il suo studio sulle *suburban housewives*, le casalinghe bianche che vivevano nelle periferie borghesi con le villette a schiera. Lei stessa era una rappresentante di questa categoria, malgrado lavorasse anche come giornalista free lance. Betty Friedan nota che le *suburban housewives* erano spesso donne con un buon livello di istruzione e che potevano contare su un certo benessere. Rispetto alle loro madri e nonne, avevano aspettative di vita superiori e non si dovevano sbucciare le ginocchia per strofinare i pavimenti o arrossare le mani per lavare la biancheria, perché potevano disporre dei nuovi oggetti del desiderio della donna moderna: gli elettrodomestici. Le riviste femminili – scritte per la maggior parte da uomini, fa notare l'autrice – davano loro istruzioni per ricoprire degnamente il ruolo di mogli e madri perfette. «Gli esperti dicevano loro come accalappiare un uomo e tenerselo, come allattare i bambini e insegnare loro a usare il vasino, come affrontare la rivalità tra fratelli e la ribellione degli adolescenti; come comprare una lavastoviglie, cuocere il pane, cucinare lumache *gourmet* e costruire una piscina con le proprie mani; come vestirsi, apparire e comportarsi in modo più femminile e rendere il matrimonio più eccitante; come evitare che i mariti morissero giovani e che i figli diventassero delinquenti».

La regina del focolare veniva presentata come un modello da seguire e come l'invidia di ogni donna che non era riuscita a conquistare il suo status. Eppure, notava Betty Friedan, queste signore alle quali sulla carta non mancava nulla, avvertivano una frustrazione. Si chiedevano: «È tutto qui?» Si sentivano irascibili, irrequiete, scontente senza riuscire a dare un nome al loro malessere. Dapprima l'autrice diffonde un questionario tra le compagne del college in cui aveva studiato; successivamente allarga il campo della ricerca. Parla con i medici di quei sobborghi e con figure di riferimento come religiosi, pediatri, ostetriche. Poi confronta le sue osservazioni con psicologi e studiosi del comportamento. Si rende conto di aver intercettato un disagio sotterraneo che chiama «il problema senza nome».

Grazie a Friedan e a numerosissime altre studiose, il tema del ruolo femminile è oggi ampiamente affrontato e dibattuto, benché non possiamo certo dire che sia risolto. Il *problema senza nome* ha avuto più di un battesimo. È stato chiamato *maschilismo*, *sessismo*, *disparità*, *patriarcato* fino ad arrivare alla *violenza di genere*, che può avere anche connotati psicologici, oltre che fisici. Forse nessuna di queste etichette descrive perfettamente la frustrazione che ha fatto emergere Friedan. Ma il tentativo stesso di nominare i fenomeni è un passo avanti per ammetterne l'esistenza, studiarli, comprenderli e mettere a punto strategie di contrasto.

Ora però ci dobbiamo chiedere quale sia il *problema*

senza nome della società contemporanea, che frena il raggiungimento di una vera parità di diritti e opportunità. Una mentalità che vuole ancora che la donna abbia il ruolo principale nell'accudimento familiare o la dipendenza economica, per citarne solo due, sono problemi che, malgrado siano ancora lontani dall'essere risolti, sono stati faticosamente riconosciuti e codificati.

A tali questioni non proprio banali, ne aggiungerei un'altra meno dibattuta che riguarda la retorica, il mio campo di studio e lavoro quotidiano. Credo che la paura sia il nuovo *problema senza nome* delle ragazze e delle donne. La paura di esporsi, di parlare in pubblico, di farsi portavoce, di risvegliare quel sentimento istrionico necessario per un'oratoria credibile e sicura di sé. Quando sei su un palco ti devi piacere; devi trovare appagante essere al centro dell'attenzione; devi accettare, come parte del gioco, che qualcuno ti critichi sia tra sé e sé sia esplicitamente. Questo non vuol dire essere auto-referenziali. È il contrario. Chi dimostra una certa abilità nel parlare in pubblico riesce a uscire da sé per concentrarsi completamente sul suo uditorio. Si mette al servizio del pubblico e stabilisce con esso una simbiosi. Si accorge se qualcuno pensa ad altro, intercetta quelli che si distraggono per guardare lo smartphone o che hanno un atteggiamento scettico o di sfida. Con il suo sguardo, i suoi movimenti, i suoi studiati silenzi, le sue figure retoriche, li richiama a sé, li coinvolge, li coccola, li tiene a bada, li seduce intellettualmente.

Oltre allo studio e all'esperienza, per fare tutto questo bisogna essere molto sicure di sé. Ciò non vuol dire avere un'aria di superiorità. Significa piuttosto rispettare il pubblico e non averne paura, che è la strategia più autorevole che abbiamo per farci rispettare a nostra volta. Per ottenere questo stato di «grazia retorica», bisogna sentirsi a proprio agio. Accettare che il nostro corpo non sia perfetto e che, oggi, abbiamo scelto un vestito che indugia proprio sul girovita; che avremmo potuto studiare di più per preparare quel discorso, ma non ne abbiamo avuto il tempo o la voglia; che abbiamo delle carenze che non riusciamo a migliorare, oppure che avremmo potuto farlo, ma siamo state troppo pigre; che ci saranno persone nel pubblico che si accorgeranno della nostra goffaggine o alle quali non piaceremo neanche un po'.

Per diventare brave oratrici – oltre a studiare e prepararsi – bisogna fare pace con le nostre inadeguatezze e debolezze, o presunte tali. Soprattutto all'inizio. Ma non speriamo di liberarcene definitivamente con la pratica e l'esperienza perché, in qualche forma più o meno sopita, quelle fragilità ci accompagneranno sempre. Dobbiamo però allenarci a non farci rovinare la festa e a sentirci ispirate, autorevoli e piene di energia loro malgrado. Su questo fronte purtroppo le donne, rispetto agli uomini, hanno ancora molto da lavorare. Vanno a scovare i propri difetti con la meticolosità di un cercatore d'oro, ci si soffermano come se stessero osservando un insetto al microscopio, si auto-maltrattano con la perseveranza di uno stalker. E poi ti chiedi perché preferiscano stare dietro le quinte.

3.3 Ci sono domande? Sì, tante

E invece è il silenzio. Almeno da parte delle donne. È quanto emerge da una ricerca[35], che prende in considerazione duecentocinquanta seminari, tenuti in trentacinque istituzioni accademiche in dieci Paesi. Dallo studio emerge che le donne pongono domande due volte e mezzo in meno rispetto agli uomini. Una disparità che è stata riscontrata malgrado, negli eventi presi in considerazione, la percentuale di uomini e donne fosse la stessa. Perché questo succede?

Molti tra gli intervistati, sia maschi sia femmine, hanno riferito di aver rinunciato a porre una domanda. Ma le donne più degli uomini hanno attribuito la rinuncia a timori personali, come «non mi sentivo abbastanza intelligente», «non riuscivo a trovare il coraggio», «temevo di aver frainteso il contenuto», «l'oratore era troppo eminente/intimidatorio».

La ricerca pone in evidenza un problema endemico in campo scientifico: quello della minore visibilità delle donne. Fornisce inoltre una motivazione dell'emorragia delle figure femminili nelle carriere accademiche. Al tempo della ricerca, nel 2018, le donne infatti rappresentavano il 59% dei laureati, ma solo il 47% dei dottori di ricerca e appena il 21% delle posizioni senior nelle facoltà europee. Uno studio del 2023, che prende in considerazione l'Italia, conferma che le donne sono sottorappresentate negli staff accademici anche nel nostro Paese, con un rapporto di una su tre[36].

Insomma, i modelli femminili sono meno presenti e visibili e, ancora una volta, la voce delle donne si fa sentire meno di quanto dovrebbe. La filosofa Fabrizia Giuliani ha fatto emergere il problema sotto un altro punto di vista. Ha sottolineato come, alle elezioni europee del 2024, il dramma dell'astensionismo sia stato soprattutto femminile. Non ha votato il 59% delle donne, sei su dieci, 13 punti percentuali in meno rispetto agli uomini e 11 punti in più rispetto all'astensionismo della tornata elettorale del 2019. Un dato che stupisce, considerando che, come fa notare Giuliani, per la prima volta nella storia si fronteggiavano due signore: Giorgia Meloni ed Elly Schlein[37]. La questione, fa notare Fabrizia Giuliani, è passata pressoché inosservata. Non ci si è interrogati a sufficienza sui motivi di questa democrazia zoppa, in cui le donne si tirano indietro, rinunciando a un loro fondamentale diritto.

Dunque le donne stanno zitte. Sia quando si tratta di alzare la mano per fare una domanda, sia quando si tratta di esprimersi attraverso il voto. I due fenomeni non hanno la stessa origine, ma offrono lo spunto per un ragionamento che affronteremo alla fine di questo paragrafo. Mentre nel primo caso l'indagine ci dice che la paura di esporsi e sbagliare gioca un ruolo, nel secondo, che riguarda l'Italia, la ragione va cercata altrove. Ma bisogna chiedersi dove sia questo «altrove», altrimenti rischiamo di trovarci di fronte a un altro *problema senza nome*.

Perché, malgrado le conquiste delle nonne e delle madri non abbiano compiuto nemmeno cento anni, più della metà delle donne italiane non ha onorato un diritto così prezioso? Perché, pur di partecipare alla democrazia, le aventi diritto più dubbiose non si sono turate il naso per scegliere il meno peggio, come fanno tanti? È evidente che non si sono sentite rappresentate. Da una parte si sono ritrovate una premier, Giorgia Meloni, che si scalda per i valori tradizionali della famiglia, proclamandosi «donna», «madre» e «cristiana», pur non essendo sposata (a quanto pare certi valori valgono solo per gli altri). Dall'altra, una leader dell'opposizione, Elly Schlein, che fa i salti mortali verbali per declinare aggettivi e sostantivi al femminile e al maschile. Sarei felice se mettesse altrettanto impegno nel sostenere la divisione dei compiti nelle famiglie e una battaglia mediaticamente più chiara sulla consapevolezza femminile. È un benaltrismo? No, perché una cosa non esclude l'altra.

Come evidenzia la prorettrice della Bocconi Paola Profeta, in tutto questo il grande assente è il lavoro: «un dibattito da parte del governo sbilanciato sui figli piuttosto che sul lavoro e da parte delle opposizioni quasi completamente incentrato sui diritti, penso in questo caso a quelli Lgbt o di adozione da parte delle coppie gay, che riguardano una minoranza della popolazione: la maggioranza delle donne non vi si riconoscono»[38]. Indubbiamente il lavoro in generale e il lavoro decentemente pagato in particolare sono problemi scottanti e di difficile risoluzione. Ma oggi sappiamo che dove le donne possono contare su lavori stabili, fanno più figli. È piuttosto l'eterna attesa della stabilità a portare alla rinuncia. La vecchia storiella della «donna in carriera» che sceglie di non essere madre ha fatto il suo tempo. Non ci provate.

Ma allora qual è il punto di incontro tra la rinuncia a prendere la parola e quella ad andare alle urne? Le due informazioni sono solo parzialmente paragonabili, ciononostante aprono le porte a una riflessione sulla disillusione che far sentire la propria voce possa avere una rilevanza per la propria condizione e il proprio futuro.

Nessuno ottiene una promozione se non pensa di meritare il proprio successo. Il discorso per le donne che si tirano indietro di Sheryl Sandberg

Farsi avanti

Noi donne abbiamo una responsabilità se non riusciamo a raggiungere i vertici delle nostre professioni? A quanto pare sì. È una delle risposte più urticanti che una donna possa ascoltare, soprattutto se viene da un'altra donna. Ma come? La società è disperatamente maschilista e noi buttiamo per l'ennesima volta discredito sul sesso femminile.

È la prima reazione che ho avuto quando ho ascoltato il discorso di Sheryl Sandberg, pronunciato per la piattaforma TED nel 2010[39]. Al tempo, Sandberg era la direttrice operativa di Facebook. Una con il passaporto in regola per essere cittadina dell'iperuranio: laureata ad Harvard, vincitrice di premi e borse di studio, inclusa in quelle classifiche di *Time* e *Forbes* delle donne più influenti e potenti del mondo. Una di quelle rare e leggendarie signore che riescono a fare egregiamente tutto quello in cui si impegnano, raggiungendo un livello economico e professionale molto distante da quello della stragrande maggioranza di tutte noi. Non mi stupirei se, nel tempo libero, suonasse anche il flauto traverso e il clavicembalo. Contemporaneamente, *ça va sans dire*.

Il suo discorso è controcorrente. Sheryl Sandberg osserva il fenomeno della mancata realizzazione delle donne in campo professionale da una nuova prospettiva. Si chiede in cosa siamo carenti e cosa possiamo fare per cambiare la situazione.

Non invita alla protesta o alla consapevolezza (le dà per scontate), ma propone di cambiare comportamento. Secondo il suo punto di vista, c'è qualcosa che noi donne non facciamo per ottenere una vera parità di genere. Del resto, le battaglie per i diritti ci insegnano che nessuno te li viene a servire sul piatto d'argento. Chi ne ha il monopolio non li molla facilmente. I privilegi sono esclusivi, adorabili e comodi come un albergo a cinque stelle. E quando la disponibilità è limitata, è difficile che il *concierge* ti spalanchi le porte. Nessuno ha interesse ad ampliare la concorrenza. Lo conferma il miliardario Warren Buffett, che ammette come sia stato più facile per lui competere con solo la metà della popolazione, invece che con la sua totalità.

Sandberg sottolinea come molte donne non si facciano avanti e abbiano un atteggiamento rinunciatario, per mancanza di fiducia in sé stesse. A questa tendenza ad auto-escludersi dalla competizione, si aggiunge la scelta di compagni di vita poco collaborativi e incoraggianti. E qui confermo che, non di rado, le donne vanno a cercarsi partner mammoni e maschilisti, che non si sognano nemmeno lontanamente di stirarsi una camicia, non perché decidano di andare in giro spiegazzati ma perché si aspettano di trovarla profumata e senza una grinza dentro al cassetto.

A questi aspetti – la manager ne è consapevole – si aggiungono mille altri ostacoli che il genere femminile trova sulla strada della realizzazione personale. Siamo tutti consapevoli che farsi avanti purtroppo non basta. Ma è comunque un primo passo. Non perché dobbiamo aspirare a entrare tutte nelle classifiche dei potenti come Sheryl Sandberg, ma per cercare di essere sempre libere di scegliere.

Gli aneddoti di Sandberg

La manager è un'oratrice sicura ed esperta. Cammina sul palco, ma si ferma quando affronta i passaggi salienti. Usa le mani per sottolineare le parole e conquistare autorevolezza. Ha scelto un abbigliamento femminile: blusa scollata, gonna al ginocchio e tacchi alti. Tutto nero. Il tono di voce e l'autoironia le conferiscono una certa dolcezza, una caratteristica che va in contraddizione con lo stereotipo hollywoodiano della donna in carriera.

Dopo una premessa sulla fortuna di vivere in una parte del mondo in cui certi diritti di base sono garantiti, l'oratrice espone in modo esplicito la questione che intende affrontare attraverso il suo discorso: «Il problema è questo: le donne non riescono ad arrivare ai vertici di nessuna professione in nessuna parte del mondo».

Sandberg è l'oratrice degli *aneddoti*, una strategia retorica che porta a raccontare storie marginali o personali, che siano però rappresentative del tema che si sta trattando. Possono essere storie vere o inventate. Non è rilevante. Quello che importa è che siano credibili ed esemplificative. Il primo aneddoto serve alla manager per evidenziare che, in alcune stanze dei bottoni, non fosse proprio prevista la presenza femminile se non, immagino, quella di segretarie di passaggio che si ritiravano in buon ordine dopo aver servito il caffè.

«Un paio di anni fa ero a New York, stavo trattando un affare e mi trovavo in uno di quei lussuosi uffici di *private equity* newyorkesi che potete immaginare. Sono in riunione – una riunione di circa tre ore – e dopo due ore avverto la necessità di una pausa fisiologica. Tutti si alzano e il socio che dirige la riunione inizia a sembrare molto imbarazzato. Realizzo che non sapeva dove fosse il bagno delle donne nel suo ufficio».

Sheryl Sandberg non la fa passare liscia e insiste: «Così ho iniziato a guardarmi intorno alla ricerca di scatoloni per il trasloco, pensando che si fossero appena trasferiti, ma non c'erano. Allora gli chiedo: "Vi siete appena trasferiti in questo ufficio?" E lui: "No, siamo qui da circa un anno". E io: "Mi sta dicendo che sono l'unica donna ad aver trattato un affare in questo ufficio in un anno?" E lui mi ha guardato e ha detto: "Sì. O forse lei è l'unica che è dovuta andare in bagno!"»

Sandberg continua il suo ragionamento, facendo emergere vari aspetti. Uno in particolare dà un tocco speciale a questo discorso, in quanto contribuisce alla costruzione di un pensiero che ha una sua originalità. La manager lancia un invito alle donne: «Sedetevi al tavolo!» Il tavolo diventa una *sineddoche*, una parte per il tutto, un semplice elemento di arredo che rappresenta la scelta di non restare in disparte, di rifuggire la tendenza ad autoghettizzarsi. Anche in questa occasione ricorre all'espediente narrativo dell'aneddoto. Racconta una scena che tutti noi sul lavoro abbiamo visto mille volte: «Solo un paio di settimane fa, in Facebook abbiamo ospitato un funzionario governativo di alto livello, che è venuto a incontrare i dirigenti della Silicon Valley. Tutti si sono seduti al tavolo. C'erano due donne che viaggiavano con lui e che erano piuttosto importanti nel suo dipartimento. Ho detto loro: "Sedetevi al tavolo!" Si sono sedute ai lati della stanza». Un film già visto: l'uomo con le collaboratrici al seguito, che rimangono in disparte.

Michela Murgia ricorda il modello *Charlie's Angels*[40], il telefilm andato in onda dal 1976 al 1981, nel quale tre infallibili e bellissime investigatrici lavoravano per un certo Charlie, che non compariva mai e impartiva ordini attraverso un amplificatore posto su una scrivania. Vi assicuro che, ai tempi, ci sembrava un telefilm femminista, al limite del rivoluzionario: donne energiche e indipendenti che sfidavano la criminalità. Oggi non più. Abbiamo alzato le aspettative: vogliamo una società nella quale, al posto di Charlie, possa esserci anche una donna. A quei tempi questa opzione non era nemmeno contemplata. Oggi molto è cambiato, tuttavia, il modello dell'uomo importante con le donne al seguito per alcuni è ancora portatore di un certo fascino. Qualche volta ho l'impressione che sia il sogno dell'italiano medio, soprattutto se le donne in questione sono giovani, belle e vestite in modo femminile. Ma questa è solo una mia illazione. E ogni riferimento al caso del ministro della cultura Sangiuliano che, nell'estate del 2024, si è accompagnato in viaggi istituzionali con una non confermata «consigliera», Maria Rosaria Boccia, è puramente casuale.

Il problema però non è solo il capo che accetta che le sue collaboratrici si posizionino agli angoli della stanza. Il problema siamo anche noi signore quando diamo per scontato che sia più elegante, discreto e riguardoso stare in disparte. Sheryl Sandberg ci avverte che si tratta piuttosto di un modo per autosabotarsi. Qualcuno avrà da eccepire, ricordando che ci sono contesti nei quali il protocollo prevede che al tavolo principale siedano solo i rappresentanti istituzionali e tutti gli altri, uomini e donne senza distinzione, prendano posto ai lati della sala. È vero. Ma negli altri casi, diamo retta a Sheryl.

Nel suo discorso, Sandberg racconta un altro aneddoto che fa riflettere. È all'università: lei, la sua amica Carrie – una ragazza particolarmente studiosa – e suo fratello minore devono sostenere l'esame finale di un corso dall'affascinante titolo: «Storia intellettuale europea». L'amica di Sandberg legge tutti i libri in lingua originale e va a tutte le lezioni, Sandberg legge tutti i libri in inglese e va alla maggior parte delle lezioni, il fratello legge un solo libro e diserta quasi tutte le lezioni. Poi si fa aiutare all'ultimo momento dalle due ragazze per recuperare alla meno peggio quello che non ha fatto. Dopo l'esame le due amiche sono frustrate e insicure. Il ragazzo non lo è. Nessuno di loro sa ancora quali saranno i voti, ma le reazioni sono diverse: «Carrie dice: "Mi sembra di non aver colto il punto principale della dialettica hegeliana". E io [Sandberg]: "Vorrei davvero aver collegato la teoria della proprietà di John Locke con i filosofi successivi". E mio fratello dice: "Ho preso il massimo dei voti della classe".»

Il problema, aggiunge Sandberg, è che «le donne sottovalutano sistematicamente le proprie capacità». Poi aggiunge: «E soprattutto, gli uomini attribuiscono il loro successo a sé stessi, mentre le donne lo attribuiscono a fattori esterni. [...] Se chiedete alle donne perché hanno fatto un buon lavoro, vi risponderanno che qualcuno le ha aiutate, che sono state fortunate, che hanno lavorato molto intensamente».

Questo passaggio del discorso si conclude con una *domanda retorica*, una domanda che viene posta senza aspettarsi una replica dal pubblico: «Perché tutto questo è importante? È molto importante, perché nessuno arriva all'ufficio d'angolo[41] se rimane seduto in disparte, non al tavolo. E nessuno ottiene una promozione se non pensa di meritare il proprio successo, o se non comprende nemmeno il proprio successo».

Ecco, forse qualcuno lo otterrà lo stesso, ma crederci aiuta sempre.

4

Essere piacevoli: una trappola

4.1 Se Sgarbi fosse una donna

Immaginiamo di vedere in un programma televisivo una signora che si alza dalla sedia, si avvicina a un altro ospite e gli urla «*faccia di merda, merda secca, non sai un cazzo*». La signora sbraita, agita le mani, sovrasta il suo interlocutore. Vedo il pubblico a casa che rabbrividisce, etichettandola come una squilibrata. Al contrario, se a inscenare il ruolo del tarantolato è un uomo, c'è la possibilità che diventi un personaggio, che esca dal mondo elitario della critica d'arte, nel quale per altro ha una grande competenza, per diventare una star della tv e un politico.

Vittorio Sgarbi è il protoprovocatore come santo Stefano è stato il protomartire, il primo martire, ma in senso decisamente opposto. Gli aspiranti provocatori da talk show credo lo guardino con spirito di emulazione, sperando anche loro di costruire una fulgida e più che ventennale carriera all'insegna del *capra-capra-capra*. Il professor Alessandro Orsini ci sta provando con il *dottoressa-dottoressa-dottoressa*, rivolto alla giornalista Bianca Berlinguer, ma ancora non ha raggiunto i livelli dell'unico e indiscusso maestro del genere. La carriera del provocatore non è facile, bisogna essere dei professionisti. Non è da tutti.

Ho sempre guardato con ammirazione e stupore le sfuriate di Sgarbi. Confesso di averlo invidiato. Appartengo alla categoria dei miti, non per virtù ma per incapacità di sostenere il conflitto in modo dignitoso, o almeno socialmente considerato tale. Mi viene da piangere e la voce diventa un singhiozzo. Torno improvvisamente bambina, malgrado sia una donna matura; la collera mi possiede; mi sento sgangherata, nei tratti del volto e nella voce.

Nel panorama italiano, esistono personaggi pubblici femminili che hanno fatto dell'aggressività la loro cifra. Nel suo curriculum mediatico, Alessandra Mussolini può annoverare quella volta che ha insultato Vladimir Luxuria, con l'agghiacciante massima «meglio fascista che frocio»[42] (affermo con determinazione che la frase può essere accettabile solo al contrario). Daniela Santanchè non si è certo fatta notare per un atteggiamento da mammoletta. Nei suoi anni d'oro, interrompeva gli altri ospiti e alzava la voce per far prevalere il suo punto di vista. Selvaggia Lucarelli ha fatto della polemica e del parlare diretto un segno distintivo, dimostrando però, va detto, una capacità di approfondire i temi che rende il suo dire ancora più tagliente. Malgrado questi esempi, nessuna delle tre ha mai raggiunto il livello di violenza verbale e furia del protoprovocatore.

La domanda è: se Vittorio Sgarbi fosse stata Vittoria, il suo furente stile sarebbe stato premiato allo stesso modo? L'esternazione della rabbia femminile è accettata al pari di quella maschile? Nella nostra cultura la manifestazione della collera rende la donna poco piacevole, quando invece la società le impone di esserlo. Questo non significa che le donne si arrabbino meno, ma che hanno maggiore timore di mostrarlo in pubblico, relegandone la manifestazione nella sfera privata. «A molte di noi è stato insegnato che la rabbia sarà un peso per gli altri e ci renderà fastidiose e antipatiche. Che allontanerà le persone che ci vogliono bene e scoraggerà quelle che vorremmo attrarre. Che ci deformerà il viso e ci imbruttirà» osserva la scrittrice e attivista Soraya Chemaly[43]. Dunque, mostrarsi arrabbiati nello spazio pubblico sembra essere più un privilegio maschile che femminile.

Essere iracondi non è un atteggiamento che apprezzo, né negli uomini né nelle donne. Anzi, nel luogo di lavoro, lo trovo poco professionale e una dimostrazione di scarsa tenuta psicologica. Tuttavia comunicare la propria rabbia non è sempre negativo, in quanto può essere funzionale a contestare qualcosa che non ci va bene o a pretendere qualcosa che ci è stato tolto o che pensiamo di meritare. Siccome l'ira femminile è meno accettata nello spazio pubblico, la donna cerca di assumere un atteggiamento più condiscendente e remissivo: «La rabbia spesso implica affrontare o pretendere qualcosa dagli altri, il che la rende un'emozione *di alto livello* associata al potere. Gli individui di status inferiore, che rischiano di essere puniti per essersi fatti valere, imparano a mascherarla»[44].

Pensiamo al caso estremo, ma non raro, delle molestie. Quante volte le donne subiscono comportamenti inopportuni e offensivi da parte di capi e colleghi di lavoro e fanno le finte tonte o cercano di risolverla con una battuta o una risatina, quando tra sé e sé pensano ben altro? E quel «ben altro» cercano di non farlo emergere, anche solo in forma edulcorata. Preferiscono lasciar stare, sperare che l'episodio non si ripeta, che l'interlocutore dimostri un briciolo di intelligenza e intercetti i segnali deboli che gli sono stati pazientemente inviati. Tutte noi possiamo raccontare decine di episodi di questo genere e, allo stesso tempo, tutte noi abbiamo imparato a nostre spese di poter difficilmente contare anche solo su quel briciolo di intelligenza. Se, dunque, il nostro impegno è orientato a limitare la manifestazione della rabbia, dobbiamo chiederci quanto la nostra libertà di espressione ne risenta. Scopriremo che spesso il prezzo è insopportabilmente alto.

4.2 Greta Thunberg, la ragazza che non parla da signorina

Un genere antico ed efficace di oratoria è l'*invettiva*, un discorso aggressivo, oltraggioso, polemico, arrabbiato. Il suo «scagliarsi contro», espressione dalla quale deriva il termine, la rende meno adatta alla piacevolezza della quale le donne dovrebbero essere portatrici. Una ragazza ha però rimescolato le carte, facendosi notare per uno stile che, un tempo non troppo lontano, non avrebbero definito «da signorina».

Nel 2019 Greta Thunberg è un'attivista di sedici anni che si batte per la tutela dell'ambiente. Pronuncia un discorso all'Onu in cui comunica tutta la sua rabbia. È seduta su una poltroncina bianca, accanto ad altri oratori vestiti in modo formale. Lei invece indossa una camicia di cotone fucsia, adatta alla sua età, ed è pettinata con una lunga treccia, appoggiata di lato su una spalla. La moderatrice la presenta e le chiede qual è il messaggio che vuole comunicare ai leader del mondo.

L'*incipit*, l'inizio, è folgorante. Dopo un leggerissimo imbarazzo iniziale – un *eh* per scaldare la voce – Greta Thunberg bastona[45]: «Il mio messaggio è che vi terremo d'occhio!» L'uditorio ride. Ma lei lo guarda, e rimane seria: non era una battuta. Ha un'espressione che potrei definire «schifata». Le fa schifo la doppia morale dei potenti che dichiarano di voler affrontare i temi ambientali e poi non fanno nulla di concreto. Le fanno schifo gli adulti, che hanno succhiato le risorse del pianeta, incuranti della sopravvivenza dei loro figli. Sembra farle schifo anche essere lì, all'Onu: non è grata, onorata, emozionata. È solo molto, molto arrabbiata. Non cede al *bon ton* e non fa nulla per nascondere questo sentimento. Con il fiato corto e gli occhi stretti, esprime la ragione della sua collera: «È tutto sbagliato. Non dovrei essere in questo posto. Dovrei tornare a scuola dall'altra parte dell'oceano. Eppure venite tutti a chiedere speranza a noi giovani. Come osate?! Avete rubato i miei sogni e la mia infanzia con le vostre parole vuote».

Una ragazza arrabbiata che mette il dito nella piaga genera un certo fastidio. I titoli dei giornali italiani negazionisti dei cambiamenti climatici la sminuiscono e la insultano, con uno spirito che non farebbe ridere neanche in una chat del calcetto. *Libero* titola «Riscaldamento del Pianeta? Ma se fa freddo. Il termometro smentisce i *gretini* nostrani»[46]. Il quotidiano *Il Tempo* non va per il sottile: «Anche il tempo si è rotto di Greta». Nel sottotitolo fa riferimento a una ragazzina «pilotata», attribuendo questa affermazione a una climatologa. Non basta. Quando l'attivista va in visita dal Santo Padre, *Libero* titola «La rompiballe va dal papa» e aggiunge «vieni avanti *gretina*».

I tentativi di minare l'*ethos*, la credibilità, di Thunberg non sono un'esclusiva italiana. I parlamentari della destra francese boicottano la sua visita al Parlamento nel luglio 2019[47]. La chiamano «la profetessa in pantaloncini», «il premio Nobel della paura», «la Giovanna d'Arco dei cambiamenti climatici». L'attivista replica, dimostrando di essere lei l'unica adulta in circolazione: «Alcune persone hanno scelto di non venire qui oggi, alcune hanno scelto di non ascoltarci. E va bene, dopo tutto siamo solo bambini, non siete obbligati ad ascoltarci. Ma dovete ascoltare gli scienziati, questo è tutto ciò che chiediamo».

Gli attacchi arrivano anche dalla compagnia petrolifera X-Site Energy, il cui marchio compare su adesivi che riportano l'immagine di una ragazza nuda, protesa in avanti e di spalle, le cui trecce sono tirate da due mani, presumibilmente di un uomo. A scanso di equivoci, sulla schiena della ragazza appare la scritta *Greta*[48]. Dopo le proteste sui social, la compagnia è costretta a scusarsi.

Senza arrivare a questi estremi, un'affermazione diffusa per sminuirla era che fosse manipolata ed «eterodiretta», che avesse dietro qualcuno che le consigliasse cosa dire e come dirlo. Anche se fosse stato così, questo non avrebbe tolto nulla alla forza del personaggio. I grandi leader politici hanno alle spalle drappelli di esperti, scrittori-ombra e verificatori di dati e non per questo vengono considerati meno autorevoli. Allo stesso modo, gli atleti olimpici sono sostenuti da allenatori, preparatori atletici, medici e fisioterapisti, ma questo non rende meno apprezzabili i loro risultati sportivi. Perché, allora, una tale eventualità dovrebbe sminuire Greta Thunberg? Affrontare un pubblico globale è tremendamente difficile, anche se dietro hai Marco Tullio Cicerone e Winston Churchill che ti scrivono i discorsi e, la sera prima, ti massaggiano uno i piedi e l'altro la cervicale per farti arrivare alla prestazione tonica e concentrata.

Bisogna ammettere che il modo di comunicare dell'attivista ha lasciato tutti spiazzati. Niente diplomazia, niente mezze misure, zero umorismo. Laddove gli adulti si aspettano di vedere la ragazza con lo sguardo dolce e smarrito di Bambi, intimidita davanti ai potenti della Terra, si sono ritrovati davanti una giovane donna che non sa cosa sia il timore reverenziale (e non sembra avere intenzione di prendere lezioni in materia). In Greta Thunberg non si riscontra nessuna ricerca della piacevolezza che ci si aspetterebbe da chiunque abbia un ruolo pubblico, ma ancora di più da una ragazza. Eppure, la sua capacità comunicativa anticonvenzionale ha portato l'attenzione globale sulla crisi climatica, facendo emergere un tema che scienziati, sulla carta molto più autorevoli di lei, non erano mai riusciti a far venire a galla con altrettanta forza e chiarezza. Il movimento Fridays for Future si è diffuso in più di cento Paesi e ha visto il coinvolgimento di milioni di giovani. Sono convinta che, senza il suo modo di fare sopra le righe, Thunberg non sarebbe riuscita neanche lontanamente a raggiungere un obiettivo simile.

Con tutti i dovuti distinguo, è lei la Vittoria Sgarbi di cui parlavamo nel paragrafo precedente? No. Del critico d'arte ricordiamo le sfuriate, ma non il motivo che le ha provocate; mentre dell'attivista per il clima ci viene in mente il suo atteggiamento volutamente anti-piacevole, ma soprattutto il motivo per il quale lo mette in campo. Greta Thunberg ha affermato, a livello globale, uno stile contemporaneo di comunicazione, che fa della consapevole mancanza di gradevolezza il suo punto di forza. Dobbiamo tutte prenderla a esempio? No, ognuna ha il suo carattere. Ma è doveroso riconoscere il suo apporto all'oratoria femminile dei nostri giorni. Questa giovane donna ha infatti aggiunto una pagina al catalogo dei possibili atteggiamenti da assumere nel dibattito pubblico.

Non tutte dobbiamo essere furenti e severe come Greta. Ma qualche volta, quando ci vuole, possiamo anche attingere dal potere espressivo di quello stile. Grazie a Thunberg, le ragazze delle giovani generazioni sanno che non sono nate per evitare gli estremi e che, qualche volta, quegli estremi possono andarli a esplorare per trasformarli in comunicazione.

4.3 Odio la mia voce

Chi pensa di avere una brutta voce, alzi la mano. «Ho una brutta voce» è una delle confessioni che ascolto più spesso nei corsi di retorica. La buona notizia è che quasi mai è vero. Nella maggior parte dei casi, è una falsa convinzione di persone con voci normalissime, che nessuno potrebbe veramente definire sgradevoli. Tutti noi abbiamo una voce unica e riconoscibile, ma le voci che possono essere definite «brutte» si incontrano davvero raramente.

Un problema diverso è avere una voce considerata autorevole. Quest'ultimo è un dilemma delle donne che si confrontano con il potere.

Qualcuno ricorderà la premier della Gran Bretagna Margaret Thatcher che, vestita con una giacca azzurra e una camicia blu con il colletto chiuso da un grande fiocco, puntualizza di non voler fare marcia indietro sulle liberalizzazioni: «A coloro che aspettano con il fiato sospeso il tormentone mediatico preferito, l'inversione a U, ho solo una cosa da dire. "Tornate indietro voi, se volete. La signora non torna indietro". Lo dico non solo a voi, ma anche ai nostri amici all'estero e a quelli che non sono nostri amici»[49]. La frase «The lady is not for turning» viene pronunciata con voce profonda e con un tono sarcastico. L'uditorio scoppia in una risata fragorosa, ma la Lady non degna nessuno di uno sguardo. Con ostentazione punta gli occhi sul leggio e aggiusta i fogli.

La signora Thatcher non ha avuto sempre la stessa voce profonda. Ha lavorato per renderla più adatta a quella di una leader, almeno secondo i canoni dettati dalla società che tende a considerare meno autorevole una voce più acuta. Se invece il modo di parlare si avvicina a quello di un uomo, la donna acquisisce prestigio. Ma non può esagerare, altrimenti viene considerata troppo mascolina. Come al solito noi donne ci troviamo a navigare a vista tra il *né troppo* e *né troppo poco*. Il problema è che la «giusta» via di mezzo è più difficile da trovare del punto G.

Margaret Thatcher non è l'unica donna in politica che si è preoccupata della sua voce. Michelle Bachelet, che ha ricoperto l'incarico di presidente del Cile per due mandati (2006-2010 e 2014-2018), racconta un'esperienza simile. Nel 2002 diventa ministra della Difesa, varcando la soglia di un dominio maschile. Il giorno della nomina la sua preoccupazione principale è la voce: «...a cosa stavo davvero pensando? Stavo pensando che non potevo parlare come una ragazza – non potevo avere questa voce giovane e femminile»[50]. Anche la ex cancelliera tedesca Angela Merkel racconta di essersi posta il problema: «La voce di una donna non è così scura e forte come quella di un uomo. Per una donna, emanare autorevolezza è qualcosa che bisogna imparare»[51].

In sostanza, le voci profonde sono considerate più adatte al comando, presumibilmente per un'abitudine molto antica al potere maschile. Uno studio condotto in Australia ha confrontato le registrazioni di voci di donne non fumatrici dai 18 ai 25 anni nel 1945 e nel 1993. Ne è emerso che le donne del 1993 avevano una voce decisamente più profonda, rispetto alle loro coetanee del 1945[52]. I ricercatori hanno ipotizzato che questo fenomeno dipendesse dalla conquista di ruoli sociali da parte delle donne e a un conseguente adattamento alle regole del gioco. Più recentemente, un'altra ricerca ha portato risultati coerenti. La psicologa Joey Cheng dell'Università dell'Illinois ha chiesto a gruppi ristretti di uomini e donne di fare una classifica degli oggetti di cui un astronauta avrebbe avuto bisogno in caso di disastro sulla Luna. Ogni partecipante doveva indicare in privato il grado di autorevolezza di ciascun membro del gruppo. Dalla ricerca emerge che gli uomini e le donne che avevano usato un tono di voce più basso venivano considerati dominanti[53].

È vero che le voci femminili più acute possono risultare infantili e, di conseguenza, meno autorevoli. Ed è vero anche che, quando si pensa a una voce sgradevole, di solito è quella di una donna. Dunque, la società non solo ci impone la sfida dell'autorevolezza, ma anche lo stigma della mancanza di piacevolezza persino per quanto riguarda la voce.

Tuttavia un personaggio della storia contemporanea ci ha insegnato che una voce particolare, acuta, infantile non rappresenta un ostacolo, quando si tratta di dare vita a grandi imprese: «Dichiaro dunque aperta la sessione costitutiva del Parlamento europeo»[54]. A parlare è Louise Weiss, intellettuale francese, attivista per il voto delle donne, regista di documentari, sostenitrice dell'idea di un'Europa unita. Il 17 luglio 1979, a Strasburgo, si tiene la prima seduta del Parlamento europeo eletto con il suffragio universale. Weiss, in quanto membro più anziano, pronuncia il discorso di apertura.

«Mi sembra, in questo momento, di non avere mai attraversato il secolo e girato il mondo se non per venire a incontrarvi come amante dell'Europa» dichiara la ultraottantenne Weiss, con quella che potremmo definire una «vocina», accompagnata da una vivacità istrionica che comunica soddisfazione e allegria. Quel modo di parlare leggero imprime una cifra personale, facendo emergere lo spessore del personaggio. Esprime a pieno la gioia, l'entusiasmo e al contempo la solennità di un inizio. Forse, senza quella «vocina», ci sarebbe stata solo la solennità e quel discorso non avrebbe reso giustizia alla personalità e alla forza di una delle donne più determinate e creative del secolo scorso.

4.4 È tutta rifatta!

Detesto i profili di Instagram e TikTok che analizzano le facce e i corpi delle donne famose per stanare gli interventi di chirurgia estetica ai quali si sarebbero sottoposte. Mostrano le foto del *prima* e del *dopo* per smascherare manipolazioni che talvolta sono evidenti e talvolta indecifrabili, perché cambia l'esposizione alla luce, l'età del personaggio, il trucco, la qualità dello scatto e così via. *Vedete qui, c'è un gonfiore sul labbro superiore... qui il livido di una punturina... nella foto dell'annuario del college, le narici erano diverse...* Trovo detestabile che un essere umano possa essere analizzato millimetro per millimetro, trasformando i social media nel tavolo dell'anatomopatologo. Esiste infatti un discutibile principio secondo il quale, se una persona è famosa, il primo che passa può permettersi di sezionare il suo corpo per segnalarne le magagne. Trovo questa pratica ancora più assurda quando a metterla in atto è un medico-influencer, ma pur sempre un medico.

Qualcuno può ribattere dicendo che è un modo per rincuorare chi vive con insicurezza il rapporto con il proprio corpo. La tesi è che i famosi non sono nati belli, o così belli, ma che il loro aspetto è «dopato» da «ritocchini» o «ritocconi». Insomma dovrebbe essere un messaggio per infondere sicurezza nelle persone comuni: non essere troppo severa con te stessa (o con te stesso), perché non è tutto oro quello che luccica; i modelli estetici sono irraggiungibili perché non esistono in natura, ma sono «aiutati» dalla chirurgia e dall'uso massiccio di filtri e Photoshop. Da questo punto di vista, trovo più intelligente e centrato il lavoro della giornalista Danae Mercer[55] che, con l'hashtag #instagramvsreality (Instagram contro realtà) mette a confronto il suo corpo in posa, con le luci giuste, e il suo corpo in posizione rilassata, con le luci impietose della realtà. L'obiettivo è dimostrare come la pelle a buccia d'arancia, le smagliature e la pancetta siano molto più diffuse di quello che immaginiamo, anche per quelle donne che sembrano perfette. La differenza con gli *influencer* – o presunti tali – della chirurgia estetica è che Mercer usa il suo stesso corpo come strumento argomentativo, non quello di altre persone. Ma quando parliamo di personaggi famosi sembra si perdano le normali regole del rispetto, come se il pacchetto del successo debba portare con sé in dotazione la croce di dover sopportare la mancanza di umanità dei non famosi e la loro maleducazione.

Intendiamoci, non sono preoccupata per Nicole Kidman che, dall'alto del suo talento e successo, oltre che della sua notevole statura fisica, immagino se ne infischi di chi commenta le sue scelte estetiche. Quello che mi lascia perplessa è il solito atteggiamento duplice e criticone nei confronti delle donne: da una parte devono rimanere eterne fanciulle, come Biancaneve e Cenerentola (ma con la quarta di reggiseno), e dall'altra vengono criticate e vivisezionate quando cercano, magari goffamente, di avvicinarsi a quello standard. Un atteggiamento che non rimane confinato alla invidiosa e irriguardosa caccia dei ritocchi dei vip, ma che comunica un messaggio pericoloso: passare al setaccio le caratteristiche fisiche di una donna è normale, divertente e salutare. Un piacevole *argomento da salotto*.

Con questo immaginario in testa, è normale che per le donne non sia affatto facile affrontare un palco, comparire in video o, per alcune, anche solamente alzarsi in piedi a scuola o in una riunione di lavoro per esprimere il proprio punto di vista. Per alcune, apparire piacevoli agli occhi degli altri, sia maschi che femmine, diventa la condizione per prendere la parola.

Non è un fenomeno che tocca solo le donne. I social pullulano di ragazzi a torso nudo in pieno inverno. Non stanno nuotando in piscina, ma sono intenti a svolgere semi nudi le attività più disparate. Il rapper e personaggio televisivo Fedez ha fatto scuola in materia. Questo mostrare la «tartaruga», oltre che i tatuaggi, ci racconta come anche per l'uomo la piacevolezza fisica abbia una rilevanza. Ma per quanto riguarda la donna, la pressione sociale contribuisce maggiormente a coltivare un'ossessione collettiva che condiziona le sue scelte, mina la sua carriera, fino a limitare la sua libertà di espressione.

Le donne adulte non sono fuori da questo tunnel. Se, da una parte, le giovani tendono a essere infantilizzate e prese meno sul serio, dall'altra, quelle mature devono fare di tutto per sembrare giovani. In pratica, dopo aver superato quella fase della vita dove l'autorevolezza è un problema, devono fare di tutto per dare a vedere di esserci ancora dentro. Inoltre un doppio parametro di valutazione sociale vuole che il «grande vecchio» sia considerato saggio e affidabile; mentre la «grande vecchia»... è solo vecchia. Una donna anziana è considerata meno valida, sia per la sua apparenza ma anche per la sua competenza. Ancora una volta noi donne abbiamo un problema di *ethos*, di credibilità.

Se poi parliamo di abbigliamento, trucco e parrucco si apre una voragine. La giornalista Giovanna Botteri ne sa qualcosa. Nel 2020 era corrispondente della Rai da Pechino, in tempi di pandemia. Il programma di Canale 5 *Striscia la notizia* manda in onda un servizio incentrato sulla *preterizione*, la figura retorica con la quale l'oratore afferma di non voler parlare di qualcosa, esattamente mentre ne sta parlando. Come tutte le figure retoriche, le spiegazioni teoriche risultano quasi incomprensibili senza gli esempi. Eccone uno: l'espressione *non parlerò della vostra inefficienza...* è un modo per sottolineare l'inefficienza, negando di volerlo fare. Tornando a *Striscia*, il programma riprende una stupida tendenza sui social di qualche scappato di casa che si era preso la briga di criticare Giovanna Botteri, dicendo che era spettinata e che indossava sempre la stessa maglia. Viene mandato in onda un video che mostra la giornalista in una vasca da bagno. La colonna sonora è la canzone *Lo shampoo* di Gaber (un minuto di silenzio non solo per la morte del buon gusto, ma anche per quella della creatività). La conduttrice Michelle Hunziker commenta il servizio evidenziando come Giovanna Botteri mostrasse «una chioma curata e vaporosa, in risposta a tante frecciate velenose, di cui evidentemente ne aveva fin sopra i capelli». Un modo per cavalcare una tendenza becera, facendo finta di prendere le difese della «vittima» che, per altro, non aveva chiesto – e non ne aveva bisogno – di essere difesa dall'insolenza di quattro scioperati. Con pazienza ed eleganza la giornalista replica: «Sono io che devo raccontare, non diventare l'oggetto del racconto». Il problema è proprio questo, la donna diventa oggetto del racconto, anche se il suo ruolo è raccontare.

Certamente, la maggiore attenzione all'aspetto delle donne, rispetto a quello degli uomini, è dovuta al fatto che le signore hanno maggiore scelta su cosa indossare. «Per un uomo non è affatto un problema mettere un abito blu scuro per cento giorni di fila, ma se indosso lo stesso blazer quattro volte in quindici giorni, questo genera molti commenti» osserva la cancelliera Angela Merkel[56].

Tuttavia, persino un dettaglio può mettere la donna sul tavolo della vivisezione. La ex ministra dell'istruzione Lucia Azzolina è stata messa in croce per il colore del rossetto. Le arciere che si sono classificate quarte alle Olimpiadi del 2016 di Rio De Janeiro hanno tristemente conquistato, da parte di *QS* (la testata che gestisce le notizie di sport de *Il Resto del Carlino*, *La Nazione* e *Il Giorno*) uno dei titoli più stupidi che si potessero scrivere: «Il trio delle cicciottelle sfiora il miracolo olimpico». La cantante Emma Marrone, criticata per i pantaloncini, ha dovuto chiarire: «Non sono arrivata a 40 anni per farmi dire dagli altri come mi devo vestire». La saltatrice con l'asta Elisa Molinarolo, arrivata sesta alle Olimpiadi di Parigi 2024 stabilendo il suo record personale, viene criticata sui social per la sua fisicità da un utente ansioso di prendere la patente del perfetto imbecille (l'ha presa!). Io stessa, malgrado la mia limitata visibilità, ho raccolto i commenti di simpaticoni che mi facevano notare che non potevo criticare quegli oratori che, sul palco, fanno pubblicamente i marpioni con le ragazze e le signore perché, a me, certi apprezzamenti non li avrebbero rivolti mai.

Come vediamo, non si tratta solo di quattro scemi isolati, ma di una valanga di giudizi che rischiano di far perdere alle donne la voglia di espòrsi ed esprimersi. La fallacia argomentativa dell'*argumentum ad hominem* la fa da padrona. Letteralmente significa «argomento contro l'uomo» ma, nel caso specifico, l'oggetto è ovviamente la donna. Funziona così: invece di trovare controargomentazioni valide per esprimere il disaccordo, viene scelta la strada più facile: insultare la persona.

Un appello a coloro che pensano di avere un po' di cervello: tiratevi fuori da questa imbecillità collettiva. Diventate obiettori di coscienza del commento sul corpo che svilisce le donne. Un messaggio per voi che, invece, non ritenete di avere un cervello: cercheremo di essere comprensivi. Ma attenti a non esagerare. Potete fare veramente molto male.

Inchiostro sprecato? Forse sì. Se siete imbecilli, non lo capirete.

È letteralmente impossibile essere una donna. Il monologo dell'amica di Barbie

L'occhio sociologico dei discorsi dei film

Il grande schermo è un giacimento di retorica. Sono moltissimi i film che mettono in scena discorsi che hanno fatto non solo la storia del cinema, ma anche quella dell'oratoria. «Siamo all'inferno in questo momento, signori, credetemi. E possiamo restare qui, a farci prendere a calci nel culo, oppure possiamo lottare per tornare alla luce. Possiamo uscire dall'inferno un centimetro alla volta». Sono le parole usate da Tony D'Amato, interpretato da un magistrale Al Pacino, per spronare la squadra di football americano della quale è allenatore nel film *Ogni maledetta domenica* di Oliver Stone[57].

Gli appassionati delle radio dedicate al calcio avranno ascoltato più volte questo spezzone e saranno rimasti colpiti dalla *sineddoche* del «centimetro», senza necessariamente conoscere il nome della figura retorica. La sineddoche individua una parte per il tutto, un'unità di misura minima che, nel discorso motivazionale, invita a pensare che la vittoria sia più a portata di mano di quello che sembra, proprio perché il faticoso cammino per raggiungerla viene spezzettato in tanti traguardi ai quali puntare.

Oltre a essere un punto di riferimento per l'utilizzo delle strategie retoriche, i discorsi dei film forniscono una preziosa chiave sociologica per interpretare il nostro tempo. È il caso del monologo di Gloria nel film *Barbie* di Greta Gerwig del 2023. Il personaggio, interpretato dall'attrice America Ferrera, è una donna reale che racconta alla bambola Barbie, interpretata da Margot Robbie, quali sono le trappole e le contraddizioni tra le quali deve imparare a sopravvivere un essere umano di sesso femminile.

America Ferrera sa esattamente che cosa significhi avere poche opportunità. La sua famiglia proviene dall'Honduras e, fin da bambina, sognava di diventare un'attrice. Gli amici, i parenti e gli insegnanti le ricordavano che a Hollywood non c'era posto per una come lei, almeno non se la sua intenzione era quella di interpretare personaggi «complessi e multidimensionali», non solo le colf al servizio dei personaggi «complessi e multidimensionali»[58]. La risposta che frequentemente le davano quando si presentava a un provino era: «Ci dispiace, ma abbiamo già una latina nel cast». Insomma i ruoli ai quali poteva aspirare erano quei pochi che rientravano nel cliché «troppo scura, troppo grassa, troppo povera, troppo poco sofisticata». Ecco perché Ferrera sta lontana dal sole, segue perennemente una dieta, indossa vestiti costosi ed eleganti. Poi, quando finalmente riesce a conquistare la parte di un personaggio a tutto tondo, dalla personalità stratificata e complessa, si trova ad assomigliare allo stereotipo dal quale voleva sfuggire. È la diciassettenne Ana di *Le donne vere hanno le curve*[59]. Il personaggio non è lontano dal cliché della latina, ma il successo del film dimostra che le persone si identificano in lei, indipendentemente dalla loro provenienza geografica, classe sociale e aspetto fisico. Il personaggio, che rappresentava una minoranza negli Stati Uniti, era diventato universale. Succede la stessa cosa quattro anni dopo, quando interpreta la protagonista della serie televisiva *Ugly Betty* (Betty, la brutta), ambientata nella redazione di una rivista di moda americana. Il premio Nobel Malala Yousafzai dichiara che, da ragazzina, la visione dei DVD della serie l'ha aiutata a capire il funzionamento di una rivista americana e ha alimentato il suo interesse per il giornalismo.

Anche in questo caso, Betty non era solo il cane in chiesa, la brutta vestita male e con l'apparecchio ai denti nello scintillante tempio della moda, ma usciva dal cliché per diventare fonte di conoscenza per un'altra ragazza (e che ragazza!) all'altro capo del mondo.

In *Barbie*, America Ferrera, nei panni di Gloria, pronuncia un discorso che è un manifesto per tutte le donne. Il fatto che sia interpretato da un'attrice dall'aspetto sudamericano è totalmente irrilevante. È il segno che qualcosa è cambiato. L'attrice che è diventata famosa per *Ugly Betty* non solo non è affatto *ugly* (in realtà non lo è mai stata), ma è una donna che ha in sé la capacità espressiva di dare voce a tutte le altre donne.

Il paradosso di Gloria

Chi pensa che quelli bravi facciano le cose con facilità, sbaglia di grosso. Il monologo di Gloria è stato girato in due giorni e provato più di trenta volte, tanto che la *troupe* lo aveva imparato a memoria. Quando la regista Greta Gerwig consegna il copione ad America Ferrera, ci tiene a sottolineare che un mostro sacro come Meryl Streep le aveva confidato che era il monologo che aveva aspettato per tutta la vita[60]. Così, tanto per non farle pressione!

Il monologo è costruito con precisione maniacale. La *dispositio*, la scaletta, rispetta l'*ordine nestoriano*, anche detto *del panino*: *incipit* ed *explicit*, inizio e fine, ribadiscono la stessa tesi. Si fanno eco tra loro, esprimendo la pressione sociale che spinge la donna verso una perfezione contraddittoria, nei confronti della quale si sentirà sempre inadeguata: in primo luogo perché la perfezione è irraggiungibile in quanto tale, in secondo luogo perché, per raggiungerla, bisognerebbe superare delle contraddizioni tra le quali nessuno sarebbe in grado di trovare una sintesi. Un paradosso, una specie di Achille e la tartaruga della condizione femminile.

Gloria, che è la mamma single di un'adolescente, parla alla bambola Barbie e a tutte le donne.

Ecco l'*incipit*, la fetta di pane superiore del panino: «È letteralmente impossibile essere una donna. Sei così bella e così intelligente. E mi uccide il fatto che non pensi di essere abbastanza brava. Dobbiamo essere sempre straordinarie, ma in qualche modo, lo facciamo sempre nel modo sbagliato».

La conclusione ritorna sullo stesso concetto. Ecco la fetta di pane inferiore: «Sono così stanca di vedere me stessa e ogni altra donna che si distrugge per piacere alla gente. E se tutto questo vale anche per una bambola che rappresenta le donne, allora non so nemmeno io cosa dire».

All'interno, tra le fette di pane, il concetto viene sviluppato con l'*anafora*, la ripetizione delle stesse parole in posizione iniziale, «Devi essere», «You have to»:

«Devi essere magra, ma non troppo. E non si può mai dire di voler essere magre.

Devi dire che vuoi essere sana, ma allo stesso tempo devi essere magra.

Devi avere soldi, ma non puoi chiedere soldi perché è volgare.

Devi essere un capo, ma non puoi essere cattiva.

Devi comandare, ma non puoi schiacciare le idee degli altri.

Devi amare l'essere madre, ma non parlare dei tuoi figli per tutto il dannatissimo tempo.

Devi essere una donna in carriera, ma anche preoccuparti sempre degli altri.

Devi rispondere del cattivo comportamento degli uomini, il che è assurdo, ma se lo fai notare, vieni accusata di essere una che si lamenta.

Dovresti rimanere bella per gli uomini, ma non così bella da tentarli troppo o da minacciare le altre donne, perché dovresti far parte della sorellanza».

«Devi... ma». Questo è il paradosso. Devi correre, ma nessuno deve accorgersi che stai sudando. Al contrario di quanto avviene per gli uomini, per le donne non sono ammessi gli effetti collaterali. E chi meglio di Barbie, la bambola perfetta, può capirlo.

Però, noi non siamo Barbie. E dobbiamo imparare felicemente a sudare.

5

Tutt* è la mia battaglia?

5.1 *Schwa*, asterischi e sindache

Quando pronunciamo un discorso dobbiamo preoccuparci di declinare articoli, nomi, aggettivi e pronomi sia al femminile sia al maschile? Dobbiamo ogni volta specificare *tutte e tutti, studentesse e studenti, artigiane e artigiani, panettiere e panettieri*, come fa la segretaria del Pd Elly Schlein? Oppure, per risolvere più rapidamente la questione, dobbiamo usare lo *schwa*, quel suono che non è né *e* né *i*?

Per chiarire, lo *schwa* si scrive con una *e* rovesciata (ə) ed è un simbolo preso in prestito dall'alfabeto fonetico internazionale. Si riferisce a un suono indefinito che non corrisponde a nessuna delle cinque vocali. Come suggerisce l'attrice Cinzia Spanò, che incontreremo più in là in questo volume, per capire come si pronuncia lo *schwa*, bisogna chiedere aiuto allo chef Cannavacciuolo. Anzi a *Cannavacciuol*.

Per i suoi simpatizzanti, lo *schwa* risulta prezioso anche per riferirsi a coloro che si sentono *non binari*, quelle persone che non si identificano né con il sesso femminile né con quello maschile. Obietterete che si tratta di una minoranza esigua. Ma coloro che abbracciano la soluzione della *e* rovesciata ritengono sia importante rappresentare degnamente anche questa piccola fetta della società, in nome di una pacifica inclusione o «convivenza delle differenze»[61].

Sulla scelta di usare o no lo *schwa*, in particolare sui social, si sono create due fazioni che, tra le loro fila, contano sostenitori e detrattori tanto battaglieri quanto privi di ogni minimo senso della relatività delle cose. Si accalorano come se si trattasse di farsi togliere mille euro dal conto – così, seduta stante – in caso dovesse prevalere l'altra parrocchia grammaticale.

Torniamo alla domanda iniziale. Da oggi in poi, nei discorsi, dobbiamo rinunciare definitivamente al maschile sovraesteso, quello che vale anche per il femminile? Oppure possiamo ancora chiamarci fuori dalla disputa, appellandoci alla filosofia del «francamente me ne infischio» di Rhett Butler in *Via col vento*, senza però sembrare antiquati e patriarcali come un film degli anni Trenta?

La risposta: è una scelta politica, perché il linguaggio è politica. E dove c'è la politica c'è la retorica, che è indispensabile per esprimerla. In alcuni contesti, il dibattito sul tema è ormai talmente avanzato da rendere il maschile sovraesteso, previsto dalla grammatica italiana, una soluzione che non si configura più come neutra, ma come una presa di posizione. Questo non vuol dire che coloro che lo usano diventano immediatamente maschilisti e nemmeno che verranno banditi per sempre dalle cene in terrazzo dei radical chic (messi temporaneamente sotto osservazione sì; ma esclusi a vita, no). Vuol dire che devono essere consapevoli di aver fatto una scelta che, in certi ambienti, non passerà inosservata. Come anticipato, la segretaria del Partito Democratico Elly Schlein è una fiera sostenitrice del riferimento raddoppiato ai due generi («cittadine e cittadini»), che viene chiamato *reduplicazione retorica*, dove l'aggettivo «retorica» sottolinea la sua intenzione espressiva. Prende un'altra direzione Giorgia Meloni, prima premier donna della storia della Repubblica italiana. Appena nominata, fa diffondere una nota ufficiale nella quale chiede di essere chiamata «il presidente del Consiglio dei ministri», con l'articolo al maschile.

Da questi due esempi vediamo come le scelte linguistiche delineino posizioni politiche opposte. Ma non sono gli unici. Nel 2024, il Partito Democratico ha rinominato la storica Festa dell'Unità di Roma, in Festa dell'Unit*, con l'asterisco: un gioco ortografico per far emergere i valori dell'inclusività. Mentre il senatore della Lega Manfredi Potenti ha provocatoriamente presentato una proposta di legge – subito ritirata e mai appoggiata dal suo partito – per impedire l'uso dei femminili applicato ai titoli istituzionali dello Stato, come *sindaca* e *ministra*[62]. Queste forme sono avversate da molti con l'argomentazione del «suona male». Un giudizio che non tiene conto del fatto che si tratta di espressioni presenti nella lingua italiana già dall'antichità. Per esempio, nella preghiera *Salve Regina*, la Vergine Maria viene chiamata «avvocata nostra» e in Dante si trova l'espressione «ministra»[63]. I detrattori controbattono con quella che sperano sia l'argomentazione definitiva per stroncare le velleità femministe: se accettiamo *sindaca*, allora dobbiamo dire anche *giornalisto*, *astronauto* e *autisto*. Non tengono conto del fatto che, mentre nel primo caso c'è un solido appiglio storico e grammaticale, nel secondo il puntello sparisce. Si tratta infatti di parole ambigeneri, che sono cioè usate sia al maschile sia al femminile, senza modificare il suffisso flessivo.

In ogni caso, la grammatica qui conta poco. Altrimenti non staremmo nemmeno a discutere del dilemma *schwa* o non *schwa* come Amleto si interrogava sull'esistenza. La verità è che l'oratore, così come lo scrittore, deve prendere una decisione. La sociolinguista Vera Gheno scrive il suo libro *Femminili singolari*[64] con lo *schwa*, ma si guarda bene dal proporlo come un obbligo: «Chi vuole usare una soluzione linguistica sperimentale lo può fare, chi non vuole può evitare»[65]. L'economista Azzurra Rinaldi si serve del femminile sovraesteso, al posto del maschile, nel suo *Come chiedere l'aumento*: «È una precisa scelta politica, per abituare le lettrici (maschi compresi) a un punto di vista diverso»[66]. Tiziana Triana, direttrice editoriale di Fandango, dichiara: «Quando leggo un libro e mi trovo davanti allo *schwa* o a un asterisco, quella paura, quell'inciampo, sono la riflessione di cui abbiamo bisogno»[67]. Per contro, la statistica e pioniera degli studi di genere Linda Laura Sabbadini si oppone all'uso dello *schwa* che rischia di portare le donne «all'invisibilità nel linguaggio, nei media e nella società contro cui mi sono battuta per decenni»[68]. Sono dello stesso parere le filosofe Adriana Cavarero e Olivia Guaraldo che affermano «Sintomaticamente, questa specie di neolingua è in netto contrasto con ciò per cui il femminismo in generale, e il femminismo italiano della differenza sessuale in particolare, hanno per decenni combattuto[69]». Anche io in questo libro ho fatto la mia scelta. Ho perlopiù optato per il maschile sovraesteso, per una motivazione puramente estetica: detesto quando la lettura arranca, mi piace quando il periodo corre veloce. Non faccio invece fatica a riconoscere che un'*avvocata* è un'*avvocata*, considerato che una *maestra* è una *maestra* e un'*infermiera* è un'*infermiera*. Se vale per le ultime due, mi sembra naturale che valga anche per la prima. Poi, come succede nella lingua, saranno i parlanti stessi a dare il passo e, con il tempo, le grammatiche si adegueranno. Del resto, nessuno ha deciso a tavolino che il latino si sarebbe evoluto nell'italiano. È successo e basta. Mettiamoci l'anima in pace, tutti noi ci adatteremo all'uso prevalente e capiterà che quello che oggi ci suona male ci sembrerà naturale.

Tornando al linguaggio inclusivo, apprezzo il suo intento finché non nega sé stesso, diventando escludente o esclusivo, per esempio quando propone soluzioni troppo cervellotiche o complicate da mettere in pratica o quando crea un pregiudizio nei confronti di chi non ne abbraccia le regole che, come abbiamo visto, non sono scolpite nella pietra, ma sono ancora solo proposte. Dubito sempre delle imposizioni e delle mode, perché temo che, imbrigliando le parole, venga poi ingabbiato anche il pensiero del quale sono il veicolo. Questo libro è dedicato all'espressione delle donne, nella sua varietà e complessità. Intrappolarla nuovamente con un approccio normativo mi sembrerebbe un'ulteriore zappata sui piedi. Non ce la meritiamo. Quindi ben vengano le scelte personali di chi vuole comunicare con *schwa*, asterischi, reduplicazioni o, in modo più tradizionale, con i maschili sovraestesi. Perché l'importante è alzare la mano e prendere la parola.

5.2 Ehi, ma non abbiamo nemmeno una donna!

È il grido disperato che risuona nelle redazioni che preparano i talk show sulla politica e l'attualità. Ma per quale motivo è necessaria una donna in un programma televisivo o radiofonico? Non è sufficiente invitare persone che abbiano qualcosa di interessante da dire? Perché questa fissazione di evitare quello che chiamano il *manel*, il panel di soli uomini?

Anche io, come tanti, mi sono stupita quando, nel programma di Bruno Vespa *Porta a porta*, sette uomini disquisivano sull'aborto[70]. Non perché sia convinta che l'intelletto maschile non possa cogliere e rappresentare il punto di vista di una scelta che riguarda le donne e il loro corpo, ma perché non ha senso – ed è offensivo – affrontare un tema senza le dirette interessate. Non stiamo parlando di una puntata sui Sumeri, dei quali sarebbe stato impossibile invitare un rappresentante se non in seduta spiritica, ma di un tema di attualità, dove le protagoniste sono vive, vegete e desiderose di dire la loro.

Sento spesso l'argomentazione della necessità di dare spazio alle donne come portatrici di una particolare visione del mondo. Questo approccio mi sembra possa diventare una trappola. Ancora prima della visione femminile, ne faccio piuttosto un problema di rappresentanza e di visibilità. Essere chiamate in un contesto ufficiale – come la tv, ma non solo – serve a manifestare un'istanza in modo diretto. Per me, il problema è a monte: non si tratta di esprimere un punto di vista prettamente femminile, ma di avere la possibilità di esprimere un punto di vista e basta. Se nei dibattiti pubblici sulla politica ci sono solo uomini o se gli uomini sono in schiacciante maggioranza, vuol dire che le donne hanno, di fatto, visto negare la loro libertà di parola. L'attrice e attivista Jane Fonda afferma: «Femminismo vuol dire democrazia». Ecco, negare alle donne un ruolo nel dibattito sulla cosa pubblica rende mutilata la democrazia di un Paese. La rende meno democratica.

Non solo. A questa carenza si aggiunge il dramma della mancanza di modelli. È difficile aspirare a diventare qualcosa che non si vede. Se le ragazze vedono quasi solo uomini che vengono chiamati come esperti, difficilmente possono coltivare l'ambizione di essere un giorno riconosciute come tali.

Quasi dieci anni fa, il giornalista inglese della BBC Ros Atkins si è posto il problema della presenza femminile nei talk show. Era in macchina e ascoltava un programma radiofonico. In un'ora, tra i vari ospiti, non sente nemmeno una voce femminile. La cosa lo colpisce a tal punto che, nel 2016, decide di dare vita al progetto *50:50*, con lo scopo di assicurare una presenza paritaria di uomini e donne negli spazi televisivi. Applica il modello al suo programma, *Outside Source*, ma lo propone ad altri contenitori televisivi. In un anno e mezzo lo adottano ottanta programmi della BBC. Oggi il numero dei gruppi di lavoro dell'emittente britannica che se ne serve è salito a 760. A questo numero si sono aggiunte cinquanta altre organizzazioni, tra queste figurano emittenti pubbliche e aziende che operano nel settore dei media[71].

Il funzionamento è semplice. Tutto parte dai dati, che servono come spinta al cambiamento. I programmi contano le presenze femminili, confrontano i numeri con altre redazioni e si impegnano a raggiungere risultati migliori il mese successivo. Nel conteggio rientrano gli inviati, gli analisti, gli accademici e i vari esperti. Non vengono considerati invece i protagonisti delle notizie della giornata, come il primo ministro o il testimone oculare di un fatto di cronaca. Insomma vengono prese in considerazione solo le persone sulla cui selezione la redazione può operare una scelta. Malgrado l'ambizione alla parità di genere, il modello non ammette compromessi sulla qualità. Vengono invitate solo le figure più autorevoli nel loro campo, a prescindere dal sesso. Questo comporta un lavoro di ricerca più approfondito da parte delle redazioni, per scoprire nuove voci e non cedere alla pigrizia dei primi nomi che vengono in mente. «Abbiamo stabilito una regola chiara: in onda vanno sempre i migliori. Non si tratta di giornalismo per quote, ma di uno sforzo per migliorare i nostri contatti, individuare gli argomenti dei quali parlavamo quasi sempre con gli uomini e trovare delle donne brillanti come alternativa»[72] spiega Atkins.

In Italia, tra le prime a inserire almeno la presenza di una signora in ogni puntata è stata Lilli Gruber, conduttrice di *Otto e mezzo* su La7.

Non c'è dubbio che la televisione abbia costruito un modello che ha sminuito la donna, basti pensare a *Non è la Rai* degli anni Novanta. E chi è senza peccato, scagli la prima pietra. A partire da me, tutti quelli che avevano l'età per stare davanti alla televisione non si sono tirati indietro. Per contro è vero anche che la tv ha contribuito a dare una spinta alla percezione dell'autorevolezza femminile, non solo in passato ma anche ai nostri giorni. Un punto di svolta per quanto riguarda i talk show si è registrato dal 2022 con il coinvolgimento delle esperte per raccontare la tragedia della guerra in Ucraina e, dal 2023, di quella in Medio Oriente. Tra queste, la direttrice dell'Istituto Affari Internazionali Nathalie Tocci.

Per quanto riguarda il traguardo *50:50*, non è semplice raggiungerlo nel contesto italiano. Gli ospiti dei talk show sono spesso i direttori dei giornali che nel nostro Paese, messi tutti insieme, potrebbero organizzare la rievocazione di una caserma degli anni Settanta. I numeri sono imbarazzanti. Su dieci giornali, ci sono otto direttori e solo due direttrici. Stesso panorama desolante per i periodici. Ma, se possibile, la situazione peggiora per i Tg. Su nove, i direttori sono nove (nove meno nove fa?). Le cose non vanno meglio alla radio: su nove testate, le direttrici sono solo drammaticamente due[73].

«Non cerco la donna come fosse un panda. Una specie da salvare. Non mi sento obbligato a chiamarne una per forza» commenta Andrea Pennacchioli, giornalista e conduttore del talk show *Omnibus* su La7, con un passato in programmi di informazione di Rai 2 e Rai 3. Pennacchioli aggiunge però che la presenza femminile è sempre ricercata. Ciò malgrado, sottolinea che la strada è lunga. «Esiste uno zoccolo duro nel mondo dell'informazione che, di fatto, riconosce ancora agli uomini una maggiore autorevolezza». Osserva inoltre che, nella tv di oggi, i talk show hanno sostituito i varietà di prima serata. Questa scelta non è dovuta solo alla passione degli italiani per la disputa politica, ma risponde a una molto più prosaica questione economica. I dibattiti costano infinitamente meno di altre forme di intrattenimento, che richiedono complesse scenografie, musicisti, ballerini, cantanti e ospiti pagati. Questo cambiamento ha portato i talk show a inseguire alcune delle regole dell'intrattenimento care al pubblico della prima serata. Il ritmo deve essere serrato e le posizioni degli ospiti è meglio siano nette, per permettere a chi guarda da casa di classificarli quasi come se fossero i buoni e i cattivi di *Guerre stellari* o i personaggi della commedia dell'arte. Mi viene in mente lo scrittore Mauro Corona che, «travestito» da uomo primitivo, dà della «gallina» a Bianca Berlinguer o le chiede di alzare la gonna per vedere se ha la cellulite[74]. Davanti a queste uscite, lo spettatore sconvolto si chiede se sarà invitato di nuovo o se sarà bandito dalle ospitate tv per essere mandato in punizione in un fan club di nostalgici dei film con Pierino. Invece, accendi la tv, ed è ancora lì. In fondo, è lo spettatore stesso che lo vuole, per farsi ogni volta la stessa domanda.

Per quanto riguarda l'aspetto estetico di una donna in un talk show, Andrea Pennacchioli ammette che per alcuni contenitori televisivi ha ancora un valore. Non è un criterio che viene minimamente preso in considerazione per il programma mattutino che conduce su La7 ma, dalla sua esperienza come osservatore del fenomeno per la sua attività di docente, «molti ascoltatori si soffermano solo per sapere chi è quella bella signora che sta parlando». Conseguentemente alcuni programmi ne tengono conto nella selezione delle ospitate femminili. Ovviamente questo parametro non viene nemmeno preso in considerazione per gli uomini. Da questo deriva che, in generale, l'idealtipo della signora televisiva della prima serata possiede tre requisiti: è fisicamente gradevole, è vivace ed è polemica quanto basta, ossia in grado di accendere il teatrino adatto per fare l'*infotainment*, l'informazione mescolata all'intrattenimento. In fondo, *Non è la Rai* non è un modello così lontano. Per le donne, la questione estetica non accenna infatti a sparire dall'orizzonte.

5.3 Le donne sono nelle forze armate. E nella Chiesa cattolica?

Dal 1999 le forze armate sono aperte alle donne. Oggi la loro presenza è ammessa in tutti i ruoli. Le signore possono diventare generale o colonnello e possono essere impegnate in qualsiasi missione. Nella Chiesa cattolica invece non è successa la stessa cosa. Alle donne è negata la «parola autorevole»[75]: non possono dire la messa, confessare o celebrare matrimoni, perché nessun gradino della gerarchia contempla la loro presenza. Non possono essere papa, cardinale, vescovo, presbitero e nemmeno diacono. Ciò nonostante, la Chiesa è più femminile che maschile: i sacerdoti nel mondo sono 407.000, mentre le religiose sono 608.000[76]. «Se facessimo uno sciopero, le chiese si svuoterebbero e anche molti dei servizi parrocchiali ed ecclesiali!» afferma la teologa Simona Segoloni Ruta, per evidenziare come nel mondo cattolico la presenza femminile sia fondamentale a vari livelli e in molteplici forme[77].

Malgrado le prime comunità religiose potessero contare su una guida sia maschile sia femminile, l'origine del sacerdozio maschile risale alle chiese nate in territorio romano che si sono strutturate secondo le regole sociali del tempo. Che da allora siano passati duemila anni è un pensiero che sorge spontaneo ma, a quanto pare, la faccenda non è così semplice, perché, a complicare le cose, si aggiunge una questione teologica. «Come in tutte le comunità dei fedeli, le donne nelle assemblee tacciano perché non è loro permesso parlare; stiano invece sottomesse, come dice anche la legge. Se vogliono imparare qualche cosa, interroghino a casa i loro mariti, perché è sconveniente per una donna parlare in assemblea», dove «assemblea» è la traduzione di «ecclesia», sostantivo latino dal quale deriva l'italiano «chiesa». Sono le parole di san Paolo nella Prima lettera ai Corinzi.

All'imperativo di Paolo di Tarso, si aggiunge il fatto che Gesù avesse scelto solo apostoli uomini. Sono queste alcune tra le motivazioni che hanno comportato una divisione netta dei ruoli. Alle donne sono stati attribuiti i compiti di cura e agli uomini quelli legati all'autorevolezza dell'istituzione e alla sua rappresentanza pubblica.

Quando si pensa al mondo cattolico, si immagina un sistema monolitico dove nessuno si azzarda a esprimere il dissenso. Non è così.

Secondo suor Marzia Ceschia, docente di Teologia, l'interpretazione dell'imperativo *mulieres in ecclesia taceant* ha portato le donne all'invisibilità nella Chiesa e le ha relegate «in una marginalità che le ha private della possibilità di raccontarsi in spazi ampi, pubblici, di partecipare, di far sì che le loro parole e vissuti potessero essere seriamente considerati come prospettive di discernimento e di crescita condivisibili da maschi e femmine, egualmente battezzati».

Una forma di cambiamento sarebbe l'apertura al diaconato femminile, il primo gradino del ministero ecclesiastico. Il diacono può battezzare e sposare, non può invece celebrare il sacramento dell'Eucaristia o confessare.

Nel sinodo dell'ottobre del 2024, però, la questione è stata giudicata non «ancora matura», malgrado ci sia stata un'apertura alla questione femminile. Per la prima volta, a partire dalla sessione dell'anno precedente, le donne hanno potuto votare, anche se il loro numero era decisamente esiguo rispetto al totale: 54 su 365[78].

L'attivista e scrittrice Michela Murgia che, dopo le scuole superiori, ha frequentato l'Istituto di scienze religiose della diocesi di Oristano e per sei anni ha lavorato come insegnante di religione, osserva come la Chiesa si sia evoluta con i tempi, per quanto riguarda temi come l'ambiente e la tecnologia. Aggiunge però che non c'è stata la stessa spinta al cambiamento sulla questione femminile. «La dottrina la fanno gli uomini dentro la Chiesa. E la fanno pensando un mondo maschile o un femminile a loro misura» afferma la scrittrice. «È difficile che il genere privilegiato, quello che detiene l'unica possibilità di narrazione nella Chiesa, vi rinunci spontaneamente. [...] Dovremo aspettare un papa folle o rivoluzionario oppure... io confido nello spirito, sono credente, credo nei miracoli. Confido che il Signore non lascerà le donne ai margini»[79].

In attesa del miracolo, per capirne di più sul tema, ne ho parlato con la professoressa Marinella Perroni, biblista e fondatrice del Coordinamento teologhe italiane. Riporto di seguito l'intervista.

Perché alle donne nella Chiesa cattolica è negata la parola autorevole?

Mary McAleese, ex presidente della Repubblica d'Irlanda, una cattolica, ha detto: «La Chiesa cattolica è da tempo il principale portatore globale del virus tossico della misoginia»[80]. Le parole sull'esclusione della donna dalla gerarchia ecclesiastica sono scritte nel *Codice di diritto canonico*, ma vengono ribadite come se fossero espressione di un diritto divino. È inutile che il papa dica che le donne nella Chiesa possono andare avanti, quando il potere è detenuto solo dalla gerarchia ecclesiastica, che è composta solo da uomini. Questo comporta che le donne siano poco rappresentate anche negli spazi di approfondimento mediatici. Faccio un esempio. Se in un programma della Rai serve un parere teologico, chiamano un prete, un vescovo o un cardinale, non una teologa.

Sul diaconato femminile la parola che sento più spesso è «gradualità». Dopo duemila anni come si fa ancora a pronunciare una parola del genere?

In un incontro organizzato dall'Unione internazionale delle superiore generali era presente una vescova anglicana. Per loro la presenza femminile in certi ruoli è un fatto normale, ma hanno dovuto pagare un prezzo in termini di scisma. Se oggi la Chiesa cattolica permettesse alle donne di entrare nella gerarchia ecclesiastica, ci sarebbe lo scisma della sua componente africana. Oltre alla devozione e alla sacralità, in Asia e Africa abbiamo esportato la centralità del maschio, il patriarcato. Va anche detto che gli unici seminari pieni sono quelli tradizionalisti. L'ingresso delle donne in certi ruoli verrebbe considerato come il primo passo verso un'apertura nei confronti di temi che vengono considerati indiscutibili. Per esempio nella Chiesa anglicana c'è un vescovo omosessuale che ha ufficialmente un compagno (Gene Robinson, vescovo della Diocesi episcopale del New Hampshire *N.d.R.*). Ricordiamo che, in molti Paesi africani, l'omosessualità è considerata un reato.

Se dipendesse solo da lui, papa Francesco aprirebbe la gerarchia ecclesiastica alle donne?

Secondo me non lo farebbe.

Nel sinodo del 2024 è stato detto che i tempi per il diaconato femminile non sono ancora maturi. Sembra un passo indietro...

Sembra, ma non lo è. Significa che non si esclude che un giorno la Chiesa cattolica possa fare questo passo. Per la prima volta si pone questa opzione come oggetto di un confronto, non come una preclusione indiscutibile da accettare perché proviene da Dio o da Cristo. È il segnale che qualcosa sta cambiando.

Qualcosa sta cambiando, ma con una lentezza da era geologica. A oggi, non possiamo fare altro che registrare un'anomalia della nostra società: la donna è giudicata adatta per fare la guerra, non per essere portavoce autorevole della pace e dell'amore cristiano.

Quel lieve ammiccamento. Il discorso sul maschile e il femminile di Paola Cortellesi

Quando le attrici fanno sentire la loro voce

Capita, con le signore, che vengano sottovalutate. Nel 2023, Paola Cortellesi ha stupito chi la considerava «solo» una comica dalle notevoli doti canore e attoriali, firmando la regia e la sceneggiatura, quest'ultima insieme a Furio Andreotti e Giulia Calenda, del film impegnato, pluripremiato e campione di incassi *C'è ancora domani*. Viviamo nel Paese dove gli eclettici hanno fatto la storia – basti pensare a Leonardo da Vinci, che è stato scienziato e artista – eppure quei pochi capaci di eccellere in campi diversi vengono guardati con sospetto. Peggio ancora se l'eclettico in questione è un'eclettica. Un pregiudizio più diffuso di quanto siamo disposti ad ammettere vuole che una donna attraente non sappia far ridere – e Paola Cortellesi è una comica – e, se fa ridere, che non sappia affrontare, addirittura da regista, temi storici e sociologici, magari anche con una vena comica. Ebbene, Cortellesi è riuscita a fare tutto questo.

Prima del film, nel 2018, l'attrice pronuncia un discorso in occasione dei David di Donatello[81]. Il testo è stato scritto dal giornalista e semiologo Stefano Bartezzaghi e fa riflettere su come cambia il significato dei sostantivi quando vengono declinati al femminile: *zoccolo* e *zoccola*, solo per fare un esempio. Sono gli anni del movimento #MeToo, che ha portato donne in tutto il mondo a denunciare molestie a lungo taciute. L'anno precedente era scoppiato il caso Weinstein, il produttore cinematografico americano che era stato accusato di molestie e violenze sessuali, da attrici come Gwyneth Paltrow, Angelina Jolie e Uma Thurman. Per questi fatti, Harvey Weinstein è stato condannato, complessivamente, a trentanove anni di reclusione[82].

Il caso ha avuto conseguenze anche in Italia, dove ha fatto emergere un sistema in cui la molestia era all'ordine del giorno. Non penso che le donne abbiano fatto fatica a crederlo, perché il fenomeno non si limitava al settore dello spettacolo. Prima del #MeToo, provarci con colleghe e collaboratrici era un fatto assolutamente normale e non c'era nessuno dal quale potevi andare per lamentarti. Oggi credo che le cose siano un po' migliorate. Almeno in certi ambienti, non in tutti, le donne hanno acquisito il diritto di andare a protestare con l'ufficio del personale (sempre che esista) o da un responsabile (sempre che sia disposto ad ascoltare). Negli anni Novanta facevi meglio a stare zitta. Se faccio un rapido sondaggio tra le mie amiche e colleghe, sono pochissime quelle che, in ufficio, non si sono ritrovate una mano sulla coscia (o sul sedere) o non sono state oggetto di una proposta fintamente romantica, che poi comportava ritorsioni a seguito del cortese rifiuto. Un codice non scritto ti insegnava la via diplomatica, anche detta «strategia della finta tonta»: fingi di non aver capito, cambia argomento, reagisci con una bella risata e poi però cerca di non rimanere più da sola nella stanza con il deficiente di turno (non eravamo tonte sul serio: consideravamo il molestatore un deficiente anche a quei tempi). Una volta, in un viaggio di lavoro in macchina, il titolare sposatissimo di una piccola società con la quale collaboravo ci ha provato, mentre sua figlia di otto anni dormiva sul sedile di dietro. Era voluta venire per stare con il papà. Deprimente, vero? Ma non è certamente la cosa più triste e imbarazzante che mi sia capitata. Rimando al prossimo capitolo il racconto dell'allucinante vicenda al vertice della mia personale classifica della mancanza di rispetto maschile, subìta in un ambiente professionale o presunto tale.

Tornando alla serata dei David, Paola Cortellesi è tra le attrici che hanno firmato *Dissenso comune*, un manifesto contro le discriminazioni e le molestie nel mondo del lavoro[83]. Quando pronuncia il suo discorso, non è da sola sul palco. Insieme a lei ci sono alcune tra le più importanti attrici italiane: Jasmine Trinca, Claudia Gerini, Serena Rossi, Giovanna Mezzogiorno, Isabella Ragonese e Sonia Bergamasco.

Le molestie non sono però l'unica forma di maschilismo nel mondo dello spettacolo italiano. Lo sanno bene le fondatrici dell'associazione Amleta, nata per osservare e contrastare la disparità e la violenza di genere. In collaborazione con l'Università degli Studi di Brescia, Amleta conduce un'indagine periodica sul numero di registe, drammaturghe, adattatrici e attrici attive nel settore[84]. La situazione è come al solito demoralizzante. Solo il 35,1% di queste figure artistiche è donna. Ma non è il dato peggiore. Sono appena il 17,9% le donne alla direzione dei principali teatri italiani, di cui un imbarazzante e secco 0% le direttrici alla guida dei teatri nazionali, quelli più importanti. Qualcuno potrebbe obiettare che le donne non amano svolgere questi lavori, come se ci fosse una sorta di obiezione di coscienza artistica. Ovviamente non è così, perché nelle sale considerate «secondarie», ossia quelle con un numero minore di posti a sedere e pertanto meno visibilità, le registe salgono dal 13,7 al 22,3% e le drammaturghe dal 23,2 al 30,3%. Dunque solo poche donne riescono a entrare nei circuiti più prestigiosi che, normalmente, possono contare su maggiori finanziamenti.

«Il mondo della cultura e del teatro sono considerati settori elitari e colti e non si pensa che ci possano essere dei pregiudizi» commenta Cinzia Spanò, attrice, attivista e presidente di Amleta. Spanò ricorda il caso della New York Philharmonic Orchestra, che racconta nel suo spettacolo *Esagerate!*. L'attrice e autrice parla del «pregiudizio di genialità», che porta a pensare che il talento innato sia più un *x* factor maschile che femminile. Spanò ricorda come negli anni Settanta l'orchestra della Filarmonica potesse contare solo su cinque donne. «Un giudice impose allora i *provini ciechi*. I musicisti dovevano suonare dietro a un paravento e, progressivamente, il numero delle donne è aumentato». E aggiunge: «Nel 2022, alla New York Philharmonic Orchestra è avvenuto il sorpasso. Adesso le musiciste sono più degli uomini». Conclude, osservando come il pregiudizio non sia presente solo nella testa di chi deve giudicare, ma sia un freno per le donne stesse che devono proporsi: «Il pregiudizio di genialità incoraggia gli uomini e scoraggia le donne».

Ma non basta. La situazione italiana è aggravata dal fatto che, nei nostri teatri, si tende a mettere in scena un repertorio classico, per invogliare il pubblico proponendo spettacoli che conosce. «La produzione di Shakespeare e Pirandello rispecchia la società del loro tempo, dove le donne erano meno protagoniste». Quindi, di fatto, per le attrici ci sono meno ruoli che per i loro colleghi uomini. «Ecco perché sarebbe importante dare spazio alla drammaturgia contemporanea».

Dunque anche il teatro è più maschile che femminile. E questa è una strana contraddizione perché il pubblico nelle sale è più femminile che maschile. Anche nello spettacolo, come suggerito per la Chiesa nel paragrafo precedente, bisognerebbe fare lo sciopero delle donne. Non solo per spirito di protesta. Ma per far vedere al mondo l'effetto che fa.

L'epifora della mignotta

Le liste, che in retorica si chiamano *enumerazioni*, sono le migliori amiche dei video dei social network. Chi frequenta TikTok o Instagram si sarà imbattuto in personaggi che espongono la lista dei nomi più snob o dei più «borgatari», quella dei cani più chic o dei biscotti più dietetici. Le liste creano una tensione in chi le ascolta, che è curioso di arrivare fino in fondo. Per ottenere questo effetto, però, l'oratore deve essere bravo a comunicare al pubblico ritmo ed energia, altrimenti l'elenco rischia di diventare un'orrenda cantilena. Dall'enumerazione retorica all'effetto nenia della lista della spesa il passo è breve.

Al di fuori dei social, dove tutto deve essere veloce, il segreto della lista declamata in una sala per le conferenze o in un teatro è accelerare e rallentare. L'elencazione deve accumulare i suoi punti in modo che un concetto prenda forma, passo dopo passo. Ecco perché il pensiero non viene servito già confezionato, ma viene costruito sul momento insieme al pubblico che, invece di vedere un vaso di ceramica bello e pronto, vede le mani di un artigiano che lo realizza proprio davanti ai suoi occhi. Però i tempi non devono essere quelli di un documentario degli anni Sessanta. Nessuno è più in grado di apprezzare il realismo veramente realistico.

Ai David, Paola Cortellesi pronuncia una lista infinita di quattordici punti. Per evitare la freddezza dell'elenco, il testo, magnificamente costruito, mette in campo una strategia della retorica che permette di coinvolgere il pubblico: l'*epifora*. Si tratta della ripetizione della stessa parola o delle stesse parole alla fine di frasi o periodi che si seguono. È il contrario della più conosciuta *anafora*, che ripete le stesse parole all'inizio dei periodi, come quando Martin Luther King, nel suo celebre discorso del 1963 a Washington, pronuncia per otto volte di seguito «Io ho un sogno».

L'epifora del discorso di Paola Cortellesi è una parolaccia: «una mignotta». Un'espressione che, nella sua ripetizione, fa emergere l'inevitabilità della condanna femminile nell'opinione comune. Il pubblico impara presto il meccanismo e, divertito, completa le frasi, in un rito pagano che ricorda la piacevole prevedibilità dell'«Ascoltaci, o Signore» della messa. Paola Cortellesi poi, come una cantante pop, ogni tanto tace l'epifora. Lascia che sia il pubblico a pronunciare il ritornello.

«È impressionante vedere come nella nostra lingua alcuni termini che al maschile hanno il loro legittimo significato, se declinati al femminile assumono improvvisamente un altro senso, cambiano radicalmente, diventano un luogo comune. Un luogo comune un po' equivoco che poi a guardar bene è sempre lo stesso, ovvero un lieve ammiccamento verso la prostituzione.

Vi faccio un esempio.

Un cortigiano, maschile: un uomo che vive a corte. Una cortigiana? Una mignotta.

Un massaggiatore: un cinesiterapista. Una massaggiatrice? Una mignotta.

Un uomo di strada: un uomo del popolo. Una donna di strada? Una mignotta, una mignotta, ragazzi!

Un uomo disponibile: un uomo gentile e premuroso. Una donna disponibile? Una mignotta.

Un passeggiatore: un uomo che cammina. Una passeggiatrice? Una mignotta.

Un uomo con un passato: un uomo che ha avuto una vita non particolarmente onesta, ma che vale la pena di raccontare. Una donna con un passato? [*muove la mano per fare intendere l'associazione di idee*] Una mignotta.

Uno squillo: il suono del telefono. Una squillo? Dai, non la dico nemmeno... [*il pubblico in coro: una mignotta*].

Un uomo di mondo: un gran signore. Una donna di mondo? Un gran mignotta.

Uno che batte: un tennista che serve la palla. Una che batte? Non dico manco questa, dai!

[*Cortellesi aumenta la velocità*] Un uomo che ha un protettore: un intoccabile raccomandato. Una donna che ha un protettore? Una mignotta. Un buon uomo: un uomo probo. Una buona donna? Una mignotta. Un uomo allegro? Un buontempone. Una donna allegra? Una mignotta.

Un gatto morto? Un felino deceduto. Una gatta morta? Una mignotta.

Uno zoccolo [*pausa*]: una calzatura di campagna. Una zoccola? ...[*il pubblico: una mignotta*].

[...] Non voglio fare la donna che si lamenta e che recrimina, però anche nel lessico noi donne un po' discriminate lo siamo. Quel filino di discriminazione lo avverto, magari sono io, ma lo avverto. Per fortuna sono soltanto parole. Certo, se le parole fossero la traduzione dei pensieri, be' allora sarebbe grave. Sarebbe un incubo».

A questo punto inizia un doppio *climax*, una scala che sale d'intensità: si va dal bambino all'asilo che considera le femmine meno importanti, per arrivare all'adulto al lavoro e nella vita privata che offende e aggredisce una donna.

«All'asilo un bambino potrebbe iniziare a maturare l'idea che le bambine siano meno importanti di lui. Da ragazzo crescere nell'equivoco che le ragazze siano in qualche modo di sua proprietà. Poi da adulto, ma è solo un'ipotesi, potrebbe pensare che è giusto che le sue colleghe vengano pagate di meno. E, a quel punto, non gli sembrerebbe grave neppure offenderle, deriderle, toccarle, palpeggiarle [...]. Se fosse così potrebbe diventare pericoloso. Una donna adulta o anche giovanissima potrebbe essere aggredita. Picchiata, sfregiata dall'uomo che la ama.»

La conclusione è un'*antifrasi*, una figura retorica con la quale l'oratore dice il contrario di quello che vuole intendere.

«No, ma sono soltanto parole, per fortuna. Soltanto parole.

Un giorno potremmo sentire affermazioni che hanno dell'incredibile, frasi offensive e senza senso come queste. *Brava, sei una donna con le palle. Chissà quella che ha fatto per lavorare. Certo pure lei però, se va in giro vestita così. Dovresti essere contenta se ti guardano. Lascia stare, sono cose da maschi. Te la sei cercata.* [Queste frasi sono pronunciate da

Jasmine Trinca, Isabella Ragonese, Claudia Gerini, Giovanna Mezzogiorno, Serena Rossi e Sonia Bergamasco.]

Per fortuna sono soltanto parole ed è un sollievo sapere che tutto questo finora da noi non è mai accaduto.»

Con questo discorso, Paola Cortellesi, le attrici che sono con lei sul palco e Stefano Bartezzaghi ci dimostrano come, grazie alla forza della retorica, una lista non è solo una lista.

6

Le vie della svalutazione femminile sono infinite

6.1 Le battute maschiliste fanno ridere solo chi le fa

Nei primi anni Novanta, a Roma, ero alla guida con a fianco la mia amica Alessia. Era sera e andavamo a una festa. Quattro ragazzi ci inseguivano con la loro macchina. Strombazzavano, urlavano oscenità e si sbracciavano dai finestrini per cercare di rimorchiarci. La mia amica e io stavamo affrontando un argomento esistenziale: le stavo raccontando di come tendessi a sottrarmi dalle situazioni difficili e di come mi sentissi vigliacca. I ragazzi facevano talmente tanto baccano da impedire la conversazione: con Alessia, non riuscivamo ad ascoltarci a vicenda. A un certo punto ci fermiamo al semaforo e le due macchine si affiancano. Io, esasperata, abbasso il finestrino e urlo: «Avete finito di rompere il cazzo?!» Il ragazzo al posto del passeggero mi guarda disorientato e mi dice: «Oh vabbe', noi er dovere nostro l'avemo fatto!»

A quel tempo gli uomini si sentivano obbligati a provarci, andando ben oltre il limite. Dovevano dimostrare a sé stessi, alle loro famiglie, ai loro amici, alle ragazze di meritare la patente del maschio. Si sentivano continuamente sotto esame. La certificazione però non poteva avvenire *una tantum* e a porte chiuse. Perché il risultato fosse valido, il rito doveva essere celebrato davanti a testimoni e reiterato all'infinito. Fortunatamente non era per tutti così. Molti, immagino grazie all'educazione ricevuta dalle famiglie di origine, si erano già affrancati da quest'ansia da prestazione. Oppure la vivevano, ma sapevano che far sentire le ragazze che uscivano la sera come delle temerarie che si erano buttate nella fossa dei leoni non li avrebbe aiutati a tenere a bada i sospetti sulla loro virilità. E tantomeno a rimorchiare.

Questa ostentazione di machismo non si limitava alla strada, ma trovava il suo palco osceno nel luogo di lavoro. Nel mio settore, le principali vittime erano le stagiste e le hostess dei convegni, due categorie delle quali mi pregio di aver fatto parte. Tra parentesi: da laureata in lettere, prima di conquistare uno straccio di contratto, ho fatto ben quattro stage, quindi vanto una certa esperienza in materia. In realtà, era la presenza stessa di una donna a far scattare in alcuni rappresentanti del genere maschile la modalità del cascamorto. Silvio Berlusconi, amatissimo e odiatissimo imprenditore e presidente del Consiglio italiano, ne è stato il rappresentante più fulgido. Il giornalista e antropologo dei nostri giorni Filippo Ceccarelli, nel suo monumentale e spassoso libro *B. Una vita troppo*[85], afferma che «pochi altri politici sono apparsi più maschilisti». Ceccarelli riporta una dichiarazione di B. che lascia impietriti: «Quando una donna si alza dal letto per andare in bagno, se vedo che proprio non barcolla, la richiamo immediatamente indietro. Io le donne le devo esaurire». È la descrizione di uno stupro?

Tutta scena, direte. Come chiarisce Ceccarelli, nessuna donna ha mai fatto cenno a comportamenti violenti da parte di Silvio Berlusconi. Ma le parole non sono solo parole. Hanno conseguenze precise: inducono ragazzi più o meno invecchiati a pensare che il sesso a cui aspirare sia quello dei film porno o, se le parole del Cavaliere vengono interpretate alla lettera, come un parente stretto della brutalità («glie devi fa' male!»); non ultimo, portano a scambiare l'amore per un'attività circense, come lanciarsi nel cerchio di fuoco. Poi ci credo che i poveri uomini soffrono di ansia da prestazione e, anche i più innocui, scambiano il sesso con il Guinness dei primati dei lucidatori di mobili! Le donne che leggono credo che sappiano di cosa sto parlando.

Sempre negli anni Novanta ma, come vedremo, anche nei primi Duemila, capitava regolarmente che un oratore, in un convegno, facesse il galletto con una collega (dico «una», perché a quei tempi era già un evento quando c'era una donna al tavolo dei relatori). Si sentiva obbligato a dire pubblicamente «Ma che bella ragazza!», anche quando la signora che gli capitava a tiro aveva superato da tempo i trent'anni. Gli uomini più spigliati si lanciavano addirittura in battutacce sessiste che non avrebbero fatto ridere neanche sul pullman della gita delle medie o in plateali occhiate al didietro di qualche malcapitata. L'oltraggio doveva essere teatrale: la bandiera del vero uomo da sventolare in pubblico.

Molti ricorderanno Silvio Berlusconi nella campagna elettorale del 2013 che prende di mira l'impiegata di una società dell'energia veneta, la Green Power[86]. La signora illustra al Cavaliere il servizio offerto dalla sua società e, nel discorso, le capita di dire «io vengo». Silvio non aspettava altro: «E quante volte viene?» L'impiegata cerca di andare avanti: «Io vengo a costo zero. Le montiamo due impianti». Lui insiste: «Una volta sola?» Lei cerca di tornare all'illustrazione del servizio aziendale: «No, sono due gli impianti». «Con che distanza temporale?» ribatte lui. La signora cerca nuovamente di tornare a parlare del suo lavoro e risponde: «Dipende dai nostri tecnici». Poi Berlusconi lancia l'affondo finale: «Si vuole girare?» Le guarda il sedere come se valutasse una merce, e sentenzia: «Mi pare sia un'offerta conveniente». Un episodio di una volgarità terrificante, che l'azienda definirà un «innocente siparietto».

La signora, che si chiama Angela Bruno, sorride per l'imbarazzo. Sembra proprio non sapere come uscire da quel guaio. È al fianco di uno degli uomini più influenti d'Italia, alle sue spalle, sul palco, ci sono quattro bellimbusti che sghignazzano e davanti una platea piena di persone che sembrano divertirsi un mondo.

Molte di noi si sono trovate in situazioni simili. Hai di fronte il potente di turno che ti sta mancando pubblicamente di rispetto. Se ti arrabbi, rischi di sembrare antipatica e permalosa, una che non sa stare al mondo. Se ammetti di essere in imbarazzo, dai l'impressione di essere fragile, con l'aggravante di mostrare la tua vulnerabilità di fronte ai tuoi capi e colleghi. Se lo assecondi, come dice Paola Cortellesi nel discorso citato nel capitolo precedente, sei ufficialmente una mignotta. Ci vorrebbe una battuta fulminante. Ma ti viene in mente solo la sera quando vai a letto, arrabbiata nera e delusa da te stessa perché non hai avuto la prontezza di reagire. Quando a me sono capitate situazioni del genere, malgrado tutti i miei proclami femministi, sono rimasta impietrita e con un sorriso da ebete. Subito dopo, avrei voluto sbattere la testa al muro per la frustrazione di aver permesso a un idiota di avermi inchiodato in un vicolo cieco.

«In qualità di Donna e di Madre [con le maiuscole *N.d.R.*], le battute del Cavaliere non mi hanno affatto onorato, solo imbarazzato» chiarirà Angela Bruno su Facebook, per rispondere a un comunicato dell'azienda nel quale, dopo l'indignazione di mezza Italia per l'accaduto, si afferma che la diretta interessata si sarebbe dichiarata «entusiasta»[87]. Il problema è che non dovrebbe essere la persona oggetto di molestie a sentirsi in imbarazzo, ma il molestatore. Invece non sempre è così. Immagino che, malgrado le polemiche e le accuse di sessismo, il Cavaliere abbia pensato di aver fatto «il suo dovere». Esattamente come quei ragazzi che inseguivano me e la mia amica in quella serata degli anni Novanta.

Oggi un po' le cose sono cambiate. Chi ostenta atteggiamenti del genere, invece della bandiera con la scritta «Sono un vero uomo», sembra che ne sventoli una che sentenzia «Abbiate pazienza, sono un povero cretino». E non mettete su il disco rotto del «Non si può più fare un complimento». Certo che si può fare, ed è anche gradito, ma non quando mina l'*ethos*, la credibilità, di un'oratrice o quando trasforma un lavoro in un percorso a ostacoli tra sedicenti playboy, pronti a giurare sulla testa dei loro figli che la moglie non li capisce.

Nelle mie lezioni di retorica, mi capita di dissuadere da comportamenti simili quegli uomini che mostrano di avere questa tendenza. Non puoi accogliere un'oratrice, dicendo «Ma che bella ragazza!». Ne sminuisci il ruolo. La signora è lì per pronunciare un discorso, non per partecipare a una gara di bellezza della quale tu ti sei autoproclamato giudice. Non puoi farlo neanche con la hostess che porta il microfono. Di nuovo: la hostess è lì per portare il microfono, non perché tu hai deciso che si sentirebbe onorata se uscisse a cena con te. Ti assicuro che, nella maggior parte dei casi, non le passa neanche per la testa. Anzi, pensa che tu sia un vecchio sfigato. Sì, vecchio. Anche se vai in palestra tutte le mattine e indossi la camicia *slim fit*.

Purtroppo questo fenomeno non è stato debellato, anzi l'Istat riporta dati allarmanti. Secondo una stima, il 13,5% delle donne tra i 15 e i 70 anni e il 21,2% di quelle tra i 15 e i 24 anni sono state vittime di molestie sul lavoro a sfondo sessuale nel corso della loro vita[88]. Ma non è un problema solo italiano. Lo dimostra la ricerca di Deloitte dal titolo *Women @ Work 2024*[89]. Lo studio è stato condotto su dieci Paesi: Australia, Brasile, Canada, Cina, Germania, India, Giappone, Sudafrica, Regno Unito e Stati Uniti. Quasi la metà delle intervistate «avverte una preoccupazione per la propria sicurezza personale sul posto di lavoro o durante gli spostamenti per raggiungere il luogo di lavoro». Una su dieci afferma «di aver subito molestie mentre era in viaggio per andare a lavorare e di aver subito molestie sessuali da parte di un collega». Inoltre, una donna su quattro è stata oggetto di commenti o azioni inappropriate da parte di persone che occupano posizioni di rilievo nella propria organizzazione. Non solo, il 16% dichiara di aver lasciato la propria occupazione a causa di molestie o microaggressioni. Ecco, è sulla rinuncia che dobbiamo lavorare noi donne. Non è giusto che facciamo un passo indietro noi perché siamo state molestate, offese, svalutate. Su questo aspetto, insieme agli uomini, dobbiamo creare le condizioni per cambiare rotta, anche facendo notare, con gentilezza e fermezza, quello che non ci sta bene.

Mantengo la promessa. Ecco il racconto, preannunciato nel capitolo precedente, dell'allucinante vicenda che occupa il primo posto della mia classifica delle molestie lavorative. Ero una stagista neolaureata in una grande società partecipata dallo Stato. Mi trovavo nell'ufficio del mio referente, un trentenne che si sentiva politicamente protetto. Eravamo solo noi due. Lui si avvicina alla porta e la chiude a chiave. Poi tira giù i pantaloni, si infila una mano nelle mutande e si dà un'energica sistemata ai testicoli. Richiude la zip dei pantaloni e, con la stessa mano, mi accarezza i capelli. Riapre la porta e mi dice: «Trupia, andiamo a pranzo».

6.2 Vuoi essere rispettata? Cambia sesso

Interrompere qualcuno che parla è maleducato. Però prendere la parola come se fosse il Sacro Graal e non mollarla neanche se si viene attaccati con i droni è altrettanto maleducato. Se ti interrompono, te lo meriti.

Fatta questa premessa, alcuni osservatori rilevano che gli uomini hanno una predilezione per interrompere le donne, anche quando queste non si stanno dilungando affatto. È il fenomeno del *manterrupting*, una così detta "parola macedonia", che unisce *man* e *interrupting* e indica l'interruzione immotivata di una donna da parte di un uomo. «La differenza principale che ho notato è che le persone che non sanno che sono transgender mi trattano con molto più rispetto: riesco persino a completare un'intera frase senza essere interrotto da un uomo». È la testimonianza riportata sulla rivista scientifica *Nature* dal neurobiologo Ben Barres, dopo aver compiuto una transizione da femmina a maschio[90].

Il malcostume del *manterrupting* può essere considerato come un sintomo della minore autorevolezza percepita del sesso femminile, al quale si accompagna il fenomeno del *mansplaining*. Si tratta di un altro neologismo che descrive quegli uomini che, in modo paternalistico, si prendono la pena di spiegare alle donne cose che queste ultime sanno benissimo e sulle quali non si sono neanche sognate di chiedere delucidazioni. Il *Signor Te Lo Spiego Io* dà per scontato di saperne di più della sua interlocutrice e di poterle impartire una lezioncina per salvarla dalle tenebre dell'ignoranza. Oppure, conoscendo la vanità di certi individui, è probabile che l'intento non sia neanche questo, ma giocarsi la grande e meravigliosa opportunità di ascoltare sé stessi. Una pratica utile per coccolare il proprio ego, che non ha lo stesso effetto se viene espletata da soli, davanti a uno specchio. Per sentirne la carezza, il *Signor Te Le Spiego Io* deve poter contare su un interlocutore. Chi meglio di una signora che, in quanto tale, si presume sia ingenua e sprovveduta?

Il neologismo nasce nel 2008, in una discussione online emersa a seguito di un articolo della giornalista Rebecca Solnit, intitolato «Men who explain things» (Uomini che spiegano le cose)[91]. Solnit racconta di una festa durante la quale l'attempato padrone di casa le chiede di cosa trattino i libri che ha scritto. La scrittrice cita il suo ultimo volume sul fotografo Eadweard Muybridge. Il signore la interrompe subito, consigliandole, con aria compiaciuta, di leggere il nuovo importantissimo libro uscito su Muybridge proprio quell'anno. Per un attimo, Rebecca Solnit pensa che sia stato pubblicato un altro lavoro sul fotografo che le è stranamente sfuggito. Poi si rende conto che il padrone di casa si sta riferendo proprio al suo libro del quale il *Signor Te Lo Spiego Io* ha letto solo una recensione. Trovandosi di fronte una donna, per giunta relativamente giovane, non gli passa neanche per la testa che l'autrice possa essere lei.

È normale, penserete: non ti aspetti di ospitare a casa tua proprio l'autrice di un libro sul quale hai da poco letto un articolo. Quello che invece lascia spiazzati è la presupposizione di partenza. Hai letto una recensione su un giornale e hai la presunzione di istruire una persona che ti ha appena detto che ha scritto un libro su quell'argomento, senza concederle il beneficio del dubbio che ne sappia più di te.

Ultimamente mi è capitata una cosa simile. Mi trovavo in una scuola di alta formazione, dove dovevo tenere una conferenza. Ero arrivata in anticipo per conoscere gli organizzatori di persona, dopo le varie e-mail che ci eravamo scambiati. Da programma, un elegante e cerimonioso signore mi doveva presentare al pubblico come la persona che avrebbe parlato di retorica. Mentre aspettavamo che la sala si riempisse, l'elegantone ha pensato bene di impartirmi una lezione proprio sulle origini e gli sviluppi della retorica. A un certo punto cita Shakespeare, facendo riferimento allo «sconosciuto» prologo dell'*Enrico V*. Mi si accende una lampadina nella testa e recito a memoria «Oh, per una Musa di fuoco, capace di ascendere al risplendente empireo dell'Invenzione: un regno per palcoscenico, principi per attori e monarchi, a spettatori di un dramma grandioso!» Negli occhi del poveretto, che pensava di aver buttato sul tavolo il poker d'assi, ho visto un sincero disappunto. La sua esibizione di superiorità era stata stroncata.

La verità è che io purtroppo (e sottolineo «purtroppo») conosco pochissime cose a memoria: una poesia studiata alle elementari e una manciata di frasi di discorsi famosi che imparo per le conferenze e che, ahimè, dimentico subito dopo. Ma quel pezzo del prologo di Shakespeare lo ricordavo, grazie a un corso di teatro amatoriale che frequento. E Valentina Gristina, attrice e insegnante del corso, sa quanta fatica faccio per imparare la mia parte. Più di una volta, ho messo in difficoltà i miei compagni perché mi capitano momenti in cui non ho la più vaga idea di cosa cavolo devo dire, malgrado decine e decine di prove. Ma, come dice Valentina Gristina, «il mondo è palcoscenico». Un palcoscenico dal quale rifilare una lezione di *bon ton* al *Signor Te Lo Spiego Io,* elegantone più nella forma che nella sostanza.

In realtà penso che sia molto difficile capire se realmente ci troviamo di fronte al *manterrupting* o al *mansplaining*. Non possiamo sapere se il *Signor Te Lo Spiego Io* avrebbe riservato lo stesso trattamento a un uomo o a una persona da lui ritenuta importante. Inoltre, anche tante signore non sono immuni da queste forme di maleducazione. Certamente, però, esiste l'«inciviltà selettiva», come evidenziato da uno studio su questo fenomeno che prende in considerazione le relazioni nei luoghi di lavoro[92]. Un atteggiamento che non è riservato solo alle donne, ma a tutte le persone che si pensa occupino un gradino più basso nella scala gerarchica. Insomma, una maleducazione rivolta a una categoria sociale considerata come meno autorevole oppure da tutelare, malgrado non abbia bisogno di protezione. O perlomeno di quel genere di protezione.

Il risultato è una forma di discredito spesso involontaria e talvolta animata da buone intenzioni, che tuttavia può minare la credibilità di chi ne è oggetto. Quando invece l'aiuto migliore che si può offrire è sempre il rispetto. E l'aiuto migliore che possiamo dare a noi stesse è notare quando quel rispetto non ci è stato riconosciuto. Non è detto che dobbiamo reagire subito. È sempre utile valutare le occasioni e le opportunità e, magari, riservarsi di portare il conto in un secondo momento. Ma quello che non dobbiamo assolutamente fare è pensare che il *Signor Te Lo Spiego Io* sia più intelligente e preparato di noi, solo perché è più arrogante e presuntuoso. Come dicono i giovani, non facciamo le «sottone», quelle che, in senso figurato, stanno sotto, che si sentono inferiori. Questo mai.

6.3 Disco bambina

«Bambinà, bambinà. Sing along and dance bambina.» Da ragazzina adoravo la canzone che Heather Parisi cantava nel programma tv *Fantastico*, vestita con una tuta millerighe, mono-spalla e mono-gamba. Tranquilli, non voglio tirare fuori la banalità che quell'immagine fosse distorsiva del ruolo della donna o che abbia alimentato il maschilismo nella società. Quella canzone era stupenda ed Heather Parisi la interpretava divinamente. Quello che voglio dire è che per noi donne non può eternamente suonare quella canzone.

Un malcostume che ha un impatto sul nostro *ethos* è infatti l'infantilizzazione. La giornalista Mary Ann Sieghart (che abbiamo incontrato nel primo capitolo) conosce un uomo a una conferenza, che le chiede di che cosa si occupa. Sieghart, una donna adulta, cita alcune delle sue attività, che non sono obiettivamente di secondo piano: una rubrica politica per il quotidiano *The Independent*, programmi radiofonici per la BBC, presenza in vari consigli di amministrazione e così via. Il suo interlocutore reagisce dicendo: «Ah, una bambina molto impegnata!» Sì, una bambina, in inglese *busy little girl*. Ecco uno dei tanti modi per sminuire le donne al quale siamo talmente abituati da non farci nemmeno caso.

Una mancanza di riguardo simile avviene anche quando, in un contesto professionale, le signore sono le uniche a essere chiamate per nome, proprio come fossero delle bambine. Possiamo definirlo il fenomeno della donna *mascotte*. Proprio recentemente, in una conferenza, un professore universitario, straripante di genuino orgoglio, presentava il suo gruppo di lavoro di esperti sull'intelligenza artificiale: «Abbiamo anche una laureata in Lettere, un'esperta di linguaggio: Daniela!» Giusto, Daniela non pretenderà mica di avere un cognome? E ci manca pure che si lamenti, quando viene nominata con quell'affetto sincero, che sembra lo stesso dedicato a una simpatica *mascotte*, tipo Minnie a Disneyland.

Va bene l'affetto, ma la *mascotte* Daniela, se viene presentata come tale, nel suo discorso in pubblico che segue farà più fatica a farsi considerare alla stregua dei suoi colleghi uomini (quelli con il cognome) e, come professionista, farà ancora più fatica a farsi pagare come loro, che non hanno subito il processo di *mascottizzazione*. È un atteggiamento che non possiamo far passare liscio soltanto per il timore di offendere una persona che ci stima e magari ci vuole anche bene. Dobbiamo farlo notare perché, con tutta probabilità, quella persona non ha avuto mai occasione di riflettere sulle conseguenze di un simile modo di fare. Accade lo stesso quando diamo del tu agli stranieri e li chiamiamo per nome, mentre loro, malgrado la non completa padronanza linguistica, ci chiamano *signore*, *dottore* o *signora* e ci danno del lei. Inutile che ci giriamo intorno, non è un trattamento che riserviamo a tutti gli stranieri, ma solo a quelli che provengono da aree che consideriamo svantaggiate. Inoltre è un atteggiamento che automaticamente ci posiziona su un gradino superiore della scala sociale. In fondo, anche se in modo totalmente inconsapevole, non lo facciamo per semplicità – quella è un alibi – ma per rispondere a un sentimento che assomiglia di più alla superiorità.

Anche le persone con disabilità lamentano il fatto di essere considerate eterne bambine. Succede quando il nobile desiderio di solidarietà straripa in un mal riposto sentimento di protezione, che è orientato a mostrarsi comprensivi, senza però avere un vero desiderio di inclusione della persona che si ha di fronte: «Escludere le persone è più semplice, e con l'infantilizzazione ci si riesce. Quando si nega alle persone l'autodeterminazione si impedisce letteralmente loro di prendere parola e ovviamente in questo modo il mondo non viene ripensato»[93] osserva la scrittrice e attivista Marina Cuollo.

Insomma, infantilizzazione fa rima con esclusione. Porta all'effetto «bravo, bravo!» o «brava, brava!», quella pacca sulla spalla che non costa niente a chi la dà, fa piacere a chi la riceve ma non porta a nulla: non si traduce in un posto di lavoro, in una promozione, in un aumento di stipendio.

Quando preparo i giovani dello IED (una scuola di comunicazione e design) per le presentazioni dei loro progetti finali, che avviene davanti ai responsabili delle aziende che li hanno commissionati, insisto perché tutti i componenti dei gruppi di lavoro si presentino con nome e cognome. La cerimonia di diploma segna il passaggio dal mondo dello studio al mondo del lavoro ed è strategicamente utile presentarsi alle aziende come professionisti, non come ragazzini.

Torniamo alle donne senza cognome e, talvolta, anche senza nome. L'account Instagram *La Donna a Caso* raccoglie titoli di giornale che si riferiscono alle signore solo con il nome di battesimo o addirittura semplicemente come «donne», come se fosse necessario specificare che non si tratta di cavalli o tigri del Bengala. Insomma, per la notizia giornalistica basta il genere, poi chi sia veramente la signora di cui parla l'articolo non è importante. Qualche esempio: «È morta Graziella, la psichiatra che spiegò la sindrome di Stendhal» (Graziella Magherini *N.d.R.*), «Una donna sul podio del Regio di Parma», «Una donna alla guida dei Carabinieri»... Mi rendo conto che un essere umano di genere femminile al vertice di un'organizzazione di solito guidata da uomini sia di per sé una notizia. Ma presentare le donne con il loro nome e cognome dovrebbe essere il minimo sindacale. Dobbiamo pretenderlo, altrimenti il jukebox, per noi, suonerà sempre *Disco bambina* e faremo fatica doppia a farci prendere veramente sul serio.

6.4 Le solite piagnone

Hai pianto in pubblico e ti sei maledetta? Sbagliato. No, non è sbagliato piangere in pubblico. Quello che è sbagliato è starci a rimuginare. Autoflagellarsi all'infinito è una caratteristica femminile di cui dobbiamo liberarci una volta per tutte. Se non lo facciamo, rischiamo di tirarci indietro a prescindere, paralizzate dalla sola idea che, una volta che ci esponiamo, possiamo fare qualcosa che mostri la nostra fragilità, con il relativo pentimento nei secoli a venire. Invece dobbiamo e possiamo correre questo rischio. Anche se capita, ammettiamolo, non è la fine del mondo.

Le piagnone (e i piagnoni) possono tirare un sospiro di sollievo: sono in ottima compagnia. Fior di leader politici hanno pianto in pubblico[94].

Winston Churchill quando doveva piangere, piangeva. Senza farsi troppi problemi. In parte perché era emotivo, in parte per il suo aristocratico distacco per quello che gli altri pensavano di lui[95]. Barack Obama ha pianto sette volte durante la sua presidenza. Per esempio nel gennaio 2016, quando presenta le nuove leggi sulle armi e ricorda le vittime del massacro della Sandy Hook Elementary School. Ma anche nel 2015, quando ascolta la divina Aretha Franklin che canta *(You Make Me Feel Like) A Natural Woman*[96].

La Lady di Ferro Margaret Thatcher viene ritratta in lacrime, sul sedile posteriore di un'auto, il giorno in cui lascia definitivamente Downing Street nel 1990.

Andando dall'altra parte del mondo, nel 2014 in una conferenza stampa, il politico giapponese Ryutaro Nonomura, seduto davanti a una piccola scrivania che sembra quella del penitente, si dispera e sbatte i pugni, mentre cerca di giustificare il suo uso dissennato dei fondi pubblici. Non ha suscitato compassione e il video è diventato oggetto di scherno sul web.

Si sono sciolti in lacrime anche politici italiani. Achille Occhetto, nel 1991, poggia la testa sulle mani raccolte sul tavolo, in occasione del XX e ultimo congresso del Partito comunista italiano. Nel 1997 Silvio Berlusconi si commuove dopo l'affondamento, per errore, di un'imbarcazione albanese da parte della Marina Militare[97]. Nel 2011, la voce della ministra del welfare Elsa Fornero si rompe, mentre illustra la riforma delle pensioni che richiede sacrifici agli italiani. Nel suo caso, non mancano le prese in giro. Non le perdonano le lacrime per una scelta fatta dal suo stesso ministero.

Da questa lacrimosa carrellata, emerge che il pianto in pubblico non è un fatto solo femminile. Insomma, malgrado un luogo comune ci attribuisca questa esclusiva, non siamo solo noi donne a essere piagnone.

Lo storico inglese Bernard Capp[98] ha ricostruito la considerazione pubblica del pianto. Nella Bibbia e nei classici greci le lacrime erano una normale espressione del sentimento. Nell'*Iliade*, Achille piange per esprimere dolore, rabbia e impotenza. Il semidio non era solo *piè veloce*, ma anche *lacrima facile* (come la mia amica Eugenia, che riesce a disperarsi anche per quei due sparuti minuti romantici dei film comici). Allo stesso modo, nell'Europa medioevale, non si cercava di nascondere le lacrime. Il Rinascimento segna invece l'epoca dell'autocontrollo, soprattutto per gli aristocratici e i gentiluomini. Facendo un salto nel Novecento, nel '72 il senatore Ed Muskie, candidato alla nomination presidenziale democratica, pronuncia il discorso che distrugge la sua carriera: il *crying speech* (discorso del pianto), snervato dagli attacchi indirizzati alla moglie. In realtà Muskie parla all'aperto e non è chiaro se la sua faccia fosse bagnata dalle lacrime o dalla neve sciolta a contatto con il suo viso.

In occasione di Italia '90, a Torino, è rimasta storica l'immagine del giocatore di calcio Paul Gascoigne che, con la maglietta, si asciuga la faccia piena di lacrime. Il quotidiano britannico *The Independent* scrive «Prima di Paul Gascoigne, qualcuno era mai diventato un eroe nazionale e un milionario piangendo? Favoloso. Piangi e il mondo piange con te»[99]. A farlo crollare era stato un cartellino giallo al 98° minuto nella semifinale Inghilterra-Germania Ovest. Il giocatore aveva già preso un'ammonizione e non avrebbe potuto coronare il sogno della sua vita, giocando la finale, se l'Inghilterra avesse vinto. Nel 2017, allo Stadio Olimpico di Roma, ha luogo un rito collettivo incentrato sul pianto. Dopo 25 stagioni con la stessa maglia, Francesco Totti, il «pupone», dà ufficialmente l'addio al calcio e si scioglie in lacrime, insieme al pubblico sugli spalti e ai tifosi davanti alle televisioni. Ma le lacrime hanno rigato anche le guance dei tennisti Andy Murray, Novak Djokovic e Roger Federer alle finali di Wimbledon.

Dopo questa casistica di pianti pubblici, possiamo ancora affermare che solo le donne non riescono a gestire la loro emotività? Qualche dubbio è apparso all'orizzonte. Se è vero che le donne adulte piangono di più degli uomini adulti[100], questo non vuol dire che siano più emotive. Le esternazioni dei sentimenti, però, vengono giudicate con due pesi e due misure. «Un uomo le cui emozioni fluttuano durante un evento sportivo viene descritto come *passionale*. Ma una donna le cui emozioni cambiano a causa di qualsiasi evento, anche se provocata, è considerata *irrazionale*» afferma Adriene Beltz, tra le autrici di uno studio sulla variabilità emotiva[101].

L'arbitrio della valutazione riguarda tuttavia anche le lacrime maschili. Uno studio rivela come il pianto dell'uomo sia più accettato se avviene in un contesto che, secondo gli stereotipi imposti dalla società, è tipicamente maschile[102]. Il pianto di un pompiere è considerato più appropriato di quello di un infermiere, così come il pianto di un sollevatore di pesi lo è più di quello di un pattinatore sul ghiaccio. È come se la virilità percepita del contesto mettesse davanti agli occhi di chi guarda delle lenti fatte di testosterone: è socialmente accettabile qualcosa che, in una situazione diversa, diventa, come dicono i maschilisti, «da femminuccia».

Al di là della considerazione sociale del pianto nel periodo in cui viviamo, possiamo semplicemente affermare che, se siamo emotivi, è perché siamo vivi: non perché siamo donne o perché siamo uomini a metà. E tutti abbiamo il sacrosanto diritto di avere qualche cedimento. L'importante è non autocensurarsi per paura che questo accada. Quindi, se ci capita di non riuscire a trattenere le lacrime, facciamo come Churchill: mostriamo un aristocratico distacco per il giudizio degli altri. Che, tradotto in termini meno nobili, significa dire e dirsi: «Ma chi se ne importa!» È questo il più potente farmaco contro le infinite vie della svalutazione.

Un caffè con quello che mi ha chiamata «puttana». Il discorso contro i sessisti da tastiera di Özlem Cekic

A casa del subumano

È possibile avere una conversazione umana con un perfetto idiota da tastiera? E, quando dico «perfetto», intendo un infimo essere razzista e maschilista, che ha trovato nei social il modo per far straripare la sua imbecillità fuori dalle mura della sua stanzetta. Qualcuno ha pensato che lo fosse e lo ha fatto diventare un esperimento antropologico e un progetto di dialogo interculturale. Voi direte che il subumano una cultura non ce l'ha, ma Özlem Cekic – infermiera, immigrata, curda, musulmana – ha dimostrato che questi figuri possono sorprenderci. Non che siano colti, nella maggior parte dei casi non credo lo siano, ma persino loro possono avere delle esperienze da condividere.

Nel 2007, Cekic è stata tra le prime deputate del Parlamento danese appartenenti a una minoranza. Nel suo ruolo ha ricevuto valanghe di e-mail di odio. L'hanno chiamata immigrata, terrorista, zoccola, puttana. Seguendo il suggerimento di un amico, decide di telefonare ai suoi odiatori per chiedere un appuntamento per un caffè a casa loro. Una sorta di «porgi l'altra guancia» in chiave contemporanea. Molti non rispondono, altri, come è immaginabile, rifiutano di accoglierla, altri ancora accettano. Il primo è un certo Ingolf che, prima di acconsentire, le dice che deve chiedere a sua moglie. Colpo di scena.

Il troglodita-razzista-maschilista deve chiedere il permesso alla moglie prima di prendere una decisione. Özlem Cekic va a trovarlo, prendono il caffè e, secondo colpo di scena, la conversazione tra loro finisce per essere piacevole.

I due scoprono di avere molto in comune e questo lascia a Cekic un sentimento di delusione: avrebbe preferito trovarsi di fronte un mostro, per rafforzare i suoi pregiudizi, invece, come spesso accade, si trova ad avere a che fare con la complessità dell'essere umano, che può essere tante cose diverse insieme.

L'incontro con Ingolf è il primo della lunga serie dei «caffè del dialogo», che vanno avanti per otto anni. L'esperienza porta Özlem Cekic a creare l'associazione Foreningen Brobyggerne (costruttori di ponti), che insegna ai bambini delle scuole ebraiche, musulmane e cristiane a costruire il dialogo tra le loro comunità e coinvolge gli estremisti religiosi in momenti di scambio pacifico. Nel 2018, Cekic racconta la sua storia in un discorso perfettamente costruito per la piattaforma TED.

Gettare un ponte con quelli che si ritiene essere dei mostri è una sfida difficile da accettare, prima ancora che da affrontare. Serve però a proteggere la democrazia e lo Stato di diritto. Non sto dicendo che Ingolf aveva licenza di insultare e spaventare un altro essere umano. Non l'aveva. Quello che vorrei sottolineare è piuttosto che il presupposto della civiltà è creare un dialogo anche con esseri umani che hanno detto e fatto cose spregevoli. Non perché siamo buoni o, peggio ancora, buonisti. Io non lo sono affatto. Ma perché l'unica soluzione che abbiamo a disposizione è cercare di recuperare persino gli irrecuperabili. A quale scopo? Per scongiurare che il virus che li ha contagiati abbia la meglio su di loro; che si diffonda innescando una pandemia; che dia vita a una società polarizzata, fatta di odiatori e odiati che, per reazione, diventano a loro volta degli odiatori.

È un concetto facile da condividere in teoria, molto meno nella pratica. Con 109 femminicidi in Italia solo nel 2024, è controintuitivo pensare che debbano esistere progetti dedicati agli uomini maltrattanti, finanziati con le nostre tasse. Così come è complicato spiegare ai ragazzi delle scuole che è giusto che le carceri organizzino attività formative e ricreative per i detenuti, poiché la nostra Costituzione sancisce che la pena debba essere rieducativa. Mi sono trovata a confrontarmi con questo tema quando, con la mia società Per La Retorica, ho organizzato la *Guerra di Parole*, insieme a Enrico Roccaforte, della quale ho accennato nel primo capitolo[103]. Per la cronaca, nelle quattro edizioni svolte hanno vinto sempre i detenuti.

Con i partecipanti, Enrico e io cerchiamo di stabilire un clima cordiale, ovviamente sempre restando nei limiti della nostra professione. Ci guardiamo bene dall'improvvisarci psicologi, confidenti e, per quanto riguarda i detenuti, avvocati penalisti. Tuttavia si lavora insieme per più di un mese ed è fondamentale che si crei un rapporto di fiducia. Un anno, nella Casa Circondariale di San Vittore, tra le detenute partecipava al progetto una giovane donna. Enrico e io non sappiamo e non chiediamo per quale motivo i detenuti siano finiti in carcere. Ma in quel caso ne eravamo a conoscenza, perché lei stessa aveva raccontato la sua versione dei fatti in un programma televisivo. Un disturbo mentale l'aveva portata a uccidere e dare fuoco alla sorella e a tentare di uccidere i suoi genitori. Si era presa vent'anni di carcere e tre anni di ospedale psichiatrico giudiziario.

Raramente ho incontrato una persona più intelligente, consapevole e malinconica di quella giovane donna. Per la *Guerra di Parole*, aveva vinto il premio speciale della giuria come «oratrice dell'anno». Le foto dell'evento ci ritraggono abbracciate, insieme a tutti gli altri, mentre prendiamo gli applausi finali. In quel momento, metterle un braccio intorno al collo è stato un gesto spontaneo. Ma, riguardando le foto oggi, penso che lo rifarei. Del resto non sono io che devo giudicare e punire, ma lo Stato con i suoi strumenti, ossia la pena che la ragazza stava scontando.

Nella stessa situazione, avrei abbracciato uno stupratore o

un pedofilo? Non credo, anche se mi rendo conto che non è una risposta coerente con quanto ho appena affermato. Abbiamo tutti dei limiti e questi sono i miei.

Quando guardo quelle immagini, ripenso a un'argomentazione che lei stessa aveva usato durante il dibattito, il cui tema era l'ambivalenza dell'opinione pubblica come espressione della democrazia e come culla del populismo e del giudizio sommario: «Oggi sono ancora giudicata per la persona che ero, non per quella che sono diventata». Una grande lezione sul diritto di tutti di avere una seconda possibilità, di cambiare, di riscattarsi. A quelli che invocano il «buttiamo la chiave» bisogna ricordare che una società che nega il diritto di diventare persone migliori è perduta. Questo diritto, Özlem Cekic lo ha messo in pratica aprendo un dialogo con i misogini più odiosi e raccontando la sua storia in un memorabile discorso.

L'entimema di Cekic

«Rivolgo i miei ossequi al magnifico rettore. Saluto e ringrazio il sindaco e la sua signora, che hanno voluto onorarci con la loro presenza, nonché il parroco che ha tenuto a battesimo questa splendida iniziativa. E non voglio tacere degli organizzatori, il dottor Tizio e l'avvocato Caio, che, con dedizione e impegno, hanno reso possibile questa prestigiosa kermesse. E non posso dimenticare di menzionare mio nonno in carriola al quale invio un ricordo affettuoso e commosso...». Abbiate pietà del pubblico! Iniziate il discorso senza dilungarvi in mille ringraziamenti tanto ruffiani quanto insopportabili. Non c'è bisogno di fare l'appello delle persone importanti, scomodando pure i morti, per ostentare gratitudine e sottomissione. Tanto non ci crede nessuno.

Gli oratori che scelgono l'incipit *ex abrupto* meriterebbero un premio speciale. Sono quelli che iniziano e basta, senza preamboli e ringraziamenti. Özlem Cekic meriterebbe quel premio. Bisogna anche tenere presente che la *dispositio*, la scaletta dei discorsi imposta dalla piattaforma TED, non ammette certi sbrodolamenti. Cekic interpreta questa raccomandazione alla lettera e, con il suo *incipit*, entra immediatamente nel vivo della questione.

«La mia casella di posta elettronica è piena di e-mail di odio e di abusi personali. Ed è così da anni.»

Sul tappeto circolare rosso, tipico dei discorsi TED, vediamo una donna bruna, interamente vestita di verde, con dei foglietti in mano.

Molti sono letteralmente terrorizzati dal rischio di dimenticare un passaggio del discorso e di rimanere lì, impietriti sul palco senza sapere cosa fare. A chi, nelle mie lezioni, esprime questa preoccupazione, ricordo che non è un delitto portare con sé dei fogli con una scaletta. È una coperta di Linus e, allo stesso tempo, ci permette di buttare un occhio per ricordarci quella parola chiave che ci fa venire in mente tutto il resto. Tuttavia, se scegliamo questa soluzione, non ci dobbiamo sentire in colpa come uno scolaro che non ricorda la lezione e cerca di sbirciare dal libro. Meglio piuttosto trattarli come parte dell'esibizione. Ci sono, il pubblico li vede e hanno un ruolo in commedia. Quei fogli diventano a tutti gli effetti un oggetto di scena, come il teschio di Amleto, l'ombrello di Mary Poppins o il bocchino di Audrey Hepburn in *Colazione da Tiffany*. Özlem Cekic li rende più gradevoli dal punto di vista estetico, usando degli A5 (la metà del classico A4) e tenendoli con il lato lungo in posizione orizzontale. Meglio ancora se riusciamo ad attaccare i foglietti con la colla a stick su cartoncini A5 neri o di un colore che richiama l'identità visiva dell'evento che ci ospita.

Dopo il suo incipit, Cekic espone la tesi alla base del suo discorso: chi vomita odio su di te può insegnarti qualcosa. In retorica si chiama *paradosso*.

«Nel 2010 ho iniziato a rispondere a quelle mail e a proporre ai loro autori di incontrarci per un caffè e una chiacchierata. Ho avuto centinaia di incontri. Mi hanno insegnato qualcosa di importante che voglio condividere con voi.»

La ex deputata racconta di aver ricevuto messaggi anche a casa e telefonate incessanti al cellulare. Malgrado la pressione e la paura, cerca di comprendere il fenomeno, tenendosi alla larga dalla posizione più rassicurante: sentirsi superiore. Sia chiaro, superiore lo era. Lo è chiunque non cerchi di svilire o terrorizzare gli altri. Ma questo sentimento non aiuta a capire la società e a dissuadere i violenti.

Racconta poi di quando è costretta a scappare a casa dallo zoo, dove era andata con suo figlio, perché ha il sospetto che un nazista, che continua a chiamarla, sia nei paraggi.

«Quando siamo tornati, mio figlio mi ha chiesto: "Perché ti odia così tanto, mamma, se non ti conosce nemmeno?" "Alcune persone sono semplicemente stupide", ho detto. E in quel momento ho pensato che fosse una risposta piuttosto intelligente. Credo che sia la risposta che la maggior parte di noi darebbe. Gli altri sono stupidi, sono senza cervello e sono ignoranti. Noi siamo i buoni e loro i cattivi, punto.»

Cekic si confida con un collega deputato che le dà un consiglio folle, che non manca di una vena di apprezzabile ironia.

«Fu lui a suggerirmi di chiamarli e di andare a trovarli. "Mi uccideranno" ho detto. "Non attaccherebbero mai un membro del Parlamento danese" mi ha risposto. "E comunque, se ti uccidessero, diventeresti una martire. Quindi è una situazione vincente in ogni caso."»

Solo a questo punto del discorso arriva il passaggio cruciale. Özlem Cekic, con la mano a cornetta, imita sé stessa che telefona a uno dei suoi odiatori per autoinvitarsi a casa sua.

«Decido di contattare quello che mi aveva mandato più messaggi. Si chiamava Ingolf. Avevo pensato di tentare solo una volta per poter dire che almeno ci avevo provato. Con mia grande sorpresa e sconcerto, risponde al telefono. Ho sbottato: "Salve, mi chiamo Özlem. Mi ha mandato tante e-mail di odio. Lei non mi conosce, io non la conosco. Mi chiedevo se potessi venire a trovarla per bere un caffè insieme e parlarne".»

Non è facile creare un'icona del proprio discorso. Cekic ci riesce con quel gesto, che viene poi riportato nelle foto promozionali dell'evento. Nei passaggi chiave della nostra allocuzione, mimare quello che stiamo dicendo aiuta ad amplificarne il contenuto e, aspetto non secondario, a poter successivamente contare su una foto particolarmente espressiva da spendere sui media. Sempre che ci sia un fotografo, o una persona amica con lo smartphone in mano, pronta a immortalare il momento. Se vogliamo quell'immagine, è consigliabile prendersi una piccola e salutare pausa dall'ansia che precede la salita sul palco per accordarsi con qualcuno in prima fila. Sul momento ci sembra l'ultima delle preoccupazioni ma, quando tutto sarà finito, saremo felici di avere quello scatto.

Torniamo al discorso. Ho anticipato nel paragrafo precedente la sorprendente reazione dell'odiatore Ingolf.

«Dopo un lungo silenzio, risponde: "Devo chiederlo a mia moglie".»

L'essenza stessa dell'allocuzione viene resa concreta da un *aneddoto* che Özlem e Ingolf condividono nella loro conversazione. Un'esperienza comune tra loro che però avevano interpretato in modo speculare, ognuno sviato dal suo pregiudizio.

«Ingolf mi racconta che, quando aspetta l'autobus e si ferma a dieci metri da lui, è perché l'autista è un arabo. Ho riconosciuto quella sensazione. Quando ero giovane e aspettavo l'autobus, e si fermava a dieci metri da me, ero sicura che l'autista fosse un razzista.»

Nella parte finale del discorso, invece, Cekic ci insegna come si fa a proteggere la democrazia, sempre fragile e in pericolo.

«Se si vuole prevenire l'odio e la violenza, dobbiamo parlare con il maggior numero di persone possibile, per il maggior tempo possibile e con la massima apertura possibile.»

«Viviamo in un mondo in cui molte persone hanno opinioni definitive e spesso estreme sugli altri senza nemmeno conoscerli.»

«Diamo per scontata la democrazia. Non lo è. Il dialogo è la cosa più difficile in una democrazia e anche la più importante.»

L'*explicit*, la conclusione del discorso, contiene un bellissimo *entimema*, un sillogismo retorico.

«Concludo citando il mio amico Sergeot Uzan, che ha perso il figlio Dan Uzan nell'attacco terroristico alla sinagoga ebraica di Copenaghen nel 2015. Sergeot ha rifiutato qualsiasi forma di vendetta. Ha detto invece: "Il male può essere sconfitto solo dalla gentilezza tra le persone. La gentilezza richiede coraggio". Cari amici, cerchiamo di essere coraggiosi.»

L'entimema è un sillogismo che parte da premesse che non sono catalogabili come vere o false. La sua potenza sta nell'«imitare» la concatenazione stringente del sillogismo categorico, basato sull'argomentazione logica e formato da tre proposizioni collegate tra loro: le prime due sono le premesse, mentre la terza, e ultima, è la conclusione. Un classico esempio di sillogismo è: «tutti gli uomini sono mortali, tutti i Greci sono uomini, quindi tutti i Greci sono mortali». Il sillogismo di Cekic è: «Il male può essere sconfitto solo dalla gentilezza, la gentilezza richiede coraggio, quindi cerchiamo di essere coraggiosi».

Dal punto di vista logico, il sillogismo di Cekic non tiene, perché le sue premesse sono opinabili, mentre la mortalità degli esseri umani e il fatto che i Greci siano uomini non lo sono. Questo non ci deve far pensare che l'entimema sia un sillogismo che non ce l'ha fatta. Ha semplicemente una natura e un'applicazione diverse. Infatti, in tante materie, non possiamo parlare solo per sillogismi categorici. Ridurremmo la comunicazione a uno schematismo troppo povero per rappresentare la complessità del pensiero. Quindi ben vengano gli entimemi. Ben vengano anche gli incontri con i trogloditi. Ma non da sole. Cerchiamo di non allungare la già interminabile lista dei femminicidi.

7

Diventare grandi oratrici

7.1 Essere secchione non aiuta

In principio il Dio dell'oratoria creò l'autostima. Senza una discreta dose di sicurezza in sé stessi, prendere la parola per pronunciare un discorso può rivelarsi addirittura traumatico.

Capita spesso che gli insicuri cerchino di tenere a bada la propria mancanza di autostima, sgobbando eccessivamente nella fase di preparazione e cercando poi di dimostrare al proprio uditorio quanto si sono impegnati. Dall'esperienza che ho acquisito nelle aule e negli eventi pubblici, ho notato che solitamente le donne sono più concentrate sull'*ethos* – la conquista della credibilità – e sul *logos* – argomentazioni, fatti e prove – piuttosto che sul *pathos*, la capacità di coinvolgere il pubblico. È come se volessero dire «ho studiato e merito di essere qui di fronte a voi».

Invece questo è un presupposto che non deve essere nemmeno messo in discussione. Come dice l'attore Emiliano Masala, quando sei al centro dell'attenzione per pronunciare un discorso, devi pensare che quello è il tuo posto. Non sei abusiva, imbucata o fortunata. Quello è il tuo posto e non devi farti perdonare per averlo occupato né cercare di dimostrare di meritarlo. Non puoi mettere in dubbio la tua stessa esistenza come oratrice, perché altrimenti il tuo grado di autorevolezza partirà dai numeri negativi. Ma sei tu stessa che, in un'opera di autosabotaggio, ti sei andata a posizionare sotto lo zero.

Qualcuno obietterà che è un problema che affligge anche molti uomini. Vero. Ma, da alcune ricerche, risulta che le donne siano campionesse di questa deprimente disciplina, che prende il nome di «divario di sicurezza».

L'Institute of Labour and Economics (IZA) ha pubblicato uno studio per delineare l'identikit dei «bullshitter», quelli che in italiano potremmo chiamare «millantatori» o più prosaicamente «cazzari»[104]. La ricerca prende le mosse da *On Bullshit*, il fortunato saggio del filosofo Harry G. Frankfurt[105]. L'autore osserva che il *bullshitter* è diverso dal semplice bugiardo: quest'ultimo conosce la verità e cerca di nasconderla, mentre il *cazzaro* mira a impressionare il suo uditorio senza curarsi dei fatti. Insomma, la verità non è un suo problema. Per questo motivo, secondo Frankfurt, «la *bullshit*, la stronzata, è una nemica della verità più grande della menzogna».

I ricercatori hanno sottoposto un questionario a più di quarantamila adolescenti in nove Paesi, in cui si chiede di autovalutare la loro dimestichezza con sedici concetti matematici. Tra questi, tre sono falsi. Dall'indagine emerge che i maschi hanno una più spiccata propensione a essere dei millantatori, in quanto sono quelli che in maggior numero dichiarano di conoscere i costrutti falsi. La ricerca riscontra inoltre che i *bullshitter* mostrano alti livelli di fiducia in sé stessi, sono convinti di lavorare sodo, di essere diligenti nei compiti e di essere apprezzati dai coetanei. Insomma, non solo autoproclamano il loro successo, ma pensano anche di meritarlo.

Un altro studio, realizzato da ricercatori della Harvard Business School e del California Institute of Technology, indaga su come il divario di fiducia influenzi le opinioni che i valutatori (per esempio i datori di lavoro) si formano su lavoratori uomini e donne[106]. A questi ultimi viene somministrato un test su competenze scientifiche e matematiche. Successivamente viene chiesto loro di valutare come è andato il test. L'80% delle donne crede che la prestazione sia stata scarsa, contro il 56% degli uomini. La verità è che le loro prestazioni sono equivalenti. Il rischio messo in evidenza dallo studio è che i datori di lavoro, quando devono assumere un dipendente, o i capi, quando devono riconoscere una promozione, si facciano influenzare dal divario di sicurezza. Secondo lo studio, questo succede anche quando i valutatori se lo aspettano e cercano di aggiustare il tiro per rendere la loro decisione più equa.

Tornando all'oratoria, per noi donne l'atteggiamento *mi faccio perdonare con la secchionaggine il fatto di essere al centro dell'attenzione* è un vizio capitale, che può portare alla sindrome dell'«ho fatto i compiti a casa», la preoccupazione di dimostrare al pubblico di essere abbastanza preparate e degne di meritare quel ruolo. Un atteggiamento che si traduce in un'ossessione per il dettaglio, che può trasformare il discorso o la presentazione in un fiume di dati, grafici, citazioni. Quando chi parla è eccessivamente analitico, il pubblico si confonde e, invece di apprezzare la sua meticolosa precisione, percepisce nell'oratore una certa insicurezza. Spesso chi ha poca autostima si perde nel raccontare il processo, trascurando di mettere in evidenza la tesi che vuole dimostrare. In altre parole, quando l'esigenza è sapere che ore sono, l'insicuro si mette lì a spiegarti come si costruisce l'orologio.

Sia chiaro, è importante ricercare con cura le argomentazioni del nostro discorso e confrontare dati e fatti, ma non dovranno essere queste le nostre uniche preoccupazioni. Dobbiamo guardarci bene dal trasformare un discorso in pubblico in un esame, quando invece è un momento di condivisione di un argomento. Certamente il pubblico ci giudicherà, esattamente come noi – non neghiamolo – abbiamo giudicato l'oratore che ci ha preceduto. Ma è un grande errore pensare che, quando è il nostro turno di prendere la parola, un sortilegio ci trasformi in studentesse chiamate alla lavagna. Questo non vuole essere un consiglio non richiesto da *mental coach* di LinkedIn, che vanta competenze psicologiche che non sa nemmeno dove stiano di casa. È un fatto puramente tecnico. Un discorso in pubblico è un momento in cui l'oratore e l'uditorio devono prendersi la mano e percorrere insieme un ragionamento. Per raggiungere questo risultato, il sentiero non può essere troppo in salita o pieno di deviazioni, altrimenti il pubblico mollerà la presa, non sarà in grado di seguire e rimarrà deluso e frustrato. Qualche professore (ma non tutti) in un'interrogazione, può apprezzare lo studente che butta lì una quantità di informazioni con il classico stile a valanga, inspirato al motto «se non puoi convincerli, confondili». Ma il pubblico di una conferenza generalmente giudica inadeguato l'oratore troppo ansioso di dire tutto.

C'è un esercizio, preso in prestito dai laboratori teatrali, che si fa nei corsi di retorica per preparare gli oratori. I partecipanti si dispongono in un cerchio. Uno tra loro prende il centro e, seguendo una musica di sottofondo, compie un gesto ripetitivo che gli altri devono imitare. Può fare ondeggiare le braccia, alzare un ginocchio dopo l'altro oppure oscillare con il busto. Il movimento è irrilevante, l'importante è che sia abbastanza ampio e abbastanza lento da permettere agli altri di imitarlo. Solo quando tutti riescono a riprodurre il gesto, la persona al centro può inventarne uno nuovo. La tendenza di molti tra coloro che si trovano a guidare il gruppo è cercare di inventare una specie di piccola coreografia che abbia un valore estetico, come se gli altri partecipanti siano lì per dare un giudizio sulle sue capacità creative. Invece lo scopo è fare in modo che tutti i componenti del gruppo comprendano quello che devono fare. Solo così si sentiranno coinvolti e potranno vivere la sensazione piacevole che si prova quando qualcuno si prende cura di noi. Questo esercizio porta chi guida a fare i conti con la propria vanità. L'obiettivo infatti non è dimostrare di essere aggraziati nel movimento, ma condividere un'esperienza, preoccupandosi che nessuno rimanga indietro.

Allo stesso modo, nell'oratoria la mancanza di autostima ci mette addosso l'ansia dell'essere percepiti come bravi, per essere accettati nel club di quelli che meritano di stare al centro della scena. Cadiamo così in un equivoco che ci porta a pensare che il lasciapassare sia la dimostrazione della nostra secchionaggine.

Non voglio dire che, per parlare in pubblico, basta buttarsi. In realtà, prepararsi è fondamentale. Intendo solo mettere in evidenza il fatto che l'oratore deve essere attento al *logos*, ma anche al *pathos*. Solo così riuscirà a far riconoscere il proprio *ethos*, la propria credibilità e autorevolezza. Sono queste le qualità che fanno avanzare nella carriera e guadagnare di più. Al contrario, la secchionaggine è la dote più ricercata e apprezzata da quelli che cercano qualcuno che rimanga nelle retrovie e, con il suo lavoro, permetta loro di avanzare nella carriera e guadagnare di più. Ragazze, signore, da che parte vogliamo stare?

7.2 Fuori dalla trappola del merito

Ci sono le illuminazioni e le illuminazioni al contrario. Un'affermazione di Arianna Meloni sulle donne mi ha portato a vivere la seconda esperienza. Mi ha fatto capire perché non ero d'accordo con l'idea che sosteneva, contribuendo a tracciare con precisione le linee di demarcazione di ragioni che, fino a quel momento, erano ancora solo accennate. Il capo della segreteria politica di Fratelli d'Italia, nonché sorella della premier Giorgia Meloni ed ex compagna del ministro dell'Agricoltura Lollobrigida, ha pronunciato un discorso in cui è risultato per me evidente come la parola «merito» possa diventare una trappola per il genere femminile.

Rivolta alle donne, le ha esortate: «A voi dico, crediamoci di più. Impariamo a competere col merito. La nostra sfida è la cultura del merito, contro la cultura del piagnisteo. [...] Noi sappiano che siamo donne e abbiamo dei superpoteri. Ci hanno convinto che non è così, ma noi sappiamo quanto valiamo. Noi sappiamo di cosa siamo capaci. Perché noi siamo quelle persone che riescono a fare mille cose nello stesso momento e tenerne altre mille in testa, pronte a farle il minuto dopo»[107]. Un ragionamento apparentemente convincente per chi, come me, nutre un profondo rispetto per quelli che si danno da fare ma che, a pensarci bene, nasconde un pensiero che definirei rozzo.

Una delle mie citazioni preferite per automotivarmi nell'affrontare cose che non so fare – e a gestire l'impegno che ci vuole per arrivare a realizzarle in modo dignitoso – viene da un discorso di Barack Obama agli studenti. Nel 2009, l'allora presidente degli Stati Uniti li invita a darsi da fare, qualsiasi sia la loro condizione di partenza[108]. Il concetto è che, anche se vivi in un contesto degradato, mettercela tutta è la freccia al tuo arco che non puoi sprecare: «Può essere che nella vostra vita non ci siano adulti che vi appoggiano quanto avete bisogno. Magari nelle vostre famiglie qualcuno ha perso il lavoro e il denaro manca. O vivete in un quartiere poco sicuro, o avete amici che cercano di convincervi a fare cose sbagliate. Ma, alla fine dei conti, le circostanze della vostra vita – il vostro aspetto, le vostre origini, la vostra condizione economica e familiare – non sono una scusa per trascurare i compiti o avere un atteggiamento negativo. Non ci sono scuse per rispondere male al proprio insegnante, o saltare le lezioni, o smettere di andare a scuola. Non c'è scusa per chi non ci prova».

Trovo brillante l'ultima frase, perché non è la solita americanata del *se vuoi, puoi*, una delle più grandi scemenze che siano state pronunciate sul pianeta Terra. Ci sono infatti tante cose che non puoi assolutamente fare, anche se fatichi come una bestia e urli «Adrianaaa» come Rocky sul ring. Però tutti, se ci impegniamo, possiamo migliorare la nostra condizione, senza cedere alla malattia letale del vittimismo.

È sempre vero?

Il filosofo Michael Sandel ha approfondito il tema del merito e della sua tirannia[109]. Lo studioso ammette che si tratta di un concetto estremamente affascinante. Apparentemente, una società meritocratica si è liberata dalle piaghe del nepotismo, della corruzione e dei privilegi, abbracciando un'alternativa che vuole essere egualitaria: tutti, se si rimboccano le maniche, hanno le stesse possibilità. Ma c'è un effetto collaterale: chi non è stato capace di superare la prova, viene considerato un perdente che si merita il suo destino. Inoltre questa filosofia induce a pensare che il successo e la prosperità siano sotto il nostro controllo e, di conseguenza, genera *hỳbris*, l'arroganza di chi ce l'ha fatta e, al contempo, l'umiliazione di coloro che non sono stati all'altezza. Sandel osserva, inoltre, che i vincenti non si accontentano del successo, vogliono avere un riconoscimento pubblico, una corona di alloro sulla testa per essere socialmente consacrati e ammirati. Questo avviene anche quando il loro successo deriva in parte da un privilegio. Il filosofo porta l'esempio delle università americane che appartengono alla Ivy league, le otto tra le più autorevoli ed esclusive degli Stati Uniti e del mondo. Tra queste figura Harvard, dove insegna lo stesso Sandel. In queste università, che assicurano un eccellente livello di istruzione e posti di lavoro di prestigio, la maggior parte degli studenti proviene da famiglie le cui elevate fasce di reddito appartengono all'1% della popolazione.

Il problema è che i privilegiati non si ricordano di esserlo, probabilmente neanche quelli di Harvard. Diventano automaticamente smemorati. Il sociologo Max Weber osserva che «L'uomo fortunato raramente si accontenta del fatto di essere fortunato, oltre a questo ha bisogno di sapere che ha diritto alla sua fortuna. Vuole essere convinto di meritarla e soprattutto di meritarla rispetto agli altri. La fortuna, quindi, vuole essere una fortuna legittima»[110]. Immagino che anche gli evasori fiscali siano convinti di meritare la loro settimana bianca e di avere tutto il diritto di gridare allo scandalo se la scuola pubblica dei figli chiede loro un contributo per comprare la carta igienica.

Questa amnesia sociale finisce con il giustificare le disuguaglianze, facendo apparire piagnoni, nel caso specifico dell'esortazione di Arianna Meloni «piagnone», chi evidenzia le disparità del sistema, che non assicura a tutti lo stesso punto di partenza e le stesse condizioni durante la corsa. In più, magia delle magie, la perdita di memoria dei privilegiati diventa una fantastica produttrice di sensi di colpa in chi non gode di quei privilegi. È la situazione ideale per mantenere invariato lo stato dei fatti.

La donna che non ce la fa a fare tutto può essere così indotta a pensare che, se non è riuscita a ottenere quello che pensava di meritare, è perché, tornando sempre al discorso della responsabile della segreteria di Fratelli d'Italia, non è dotata di superpoteri e non è in grado di fare mille cose insieme, mentre ne pensa altre mille. Ma agli uomini è richiesta questa sovraumana energia? Insomma, è la solita fregatura delle «donne multitasking», la seconda galattica scemenza dopo il *se vuoi, puoi*. Per meritare questo ruolo da elettrodomestico multifunzione, che è piuttosto una chiara condanna, le signore devono farsi carico della maggior parte del lavoro familiare, prima e dopo il lavoro fuori casa, e gongolare pure di gioia quando danno loro una bella pacca sulla spalla invece di un aumento di stipendio.

Il rischio di questa mentalità è che la società si concentri sul costruire il mito di Wonder Woman, invece di investire seriamente nell'attenuazione delle disuguaglianze di genere che rendono indispensabile l'esistenza di Wonder Woman. In più, le donne che non riescono a soddisfare questo standard dal prezzo personale altissimo si sentono inadeguate e, in quanto tali, non si azzardano nemmeno a lamentarsi. E così il cerchio dell'elitarismo maschile si chiude nella sua indisturbata e limpida perfezione.

La scrittrice nigeriana Chimamanda Ngozi Adichie, in un discorso al college femminile americano Wellesley, invita le neolaureate a dare il loro contributo per cambiare la mentalità maschilista, nei settori in cui lavoreranno: «Ricordate che una donna che assumerete non deve essere eccezionalmente brava, come non lo è la maggior parte degli uomini che assumerete, è sufficiente che sia brava abbastanza»[111].

Dunque, pensiamoci bene ogni volta che ci sentiamo non adeguate e decidiamo di stare dietro le quinte. Lo siamo almeno quanto gli uomini che occupano la maggior parte dei posti, lasciandoci confinate nel girone sfigato. L'importante è decidere di voler uscire da quella cerchia, levandoci dalla testa che, per farlo, serve essere Wonder Woman che fa e pensa mille cose contemporaneamente. D'altronde all'uomo non è richiesto di essere Superman. Gli basta essere *man*.

Per quanto ci riguarda, concentriamoci sull'essere brave abbastanza e sul provarci. Perché non c'è nessuna scusa per chi pensa che solo gli altri se lo meritino. Forse noi donne – Andreotti insegna – non saremo di alta statura, ma non si vedono uomini giganti attorno a noi.

7.3 Ostentare sicurezza

Prima ancora di aprire bocca, siamo considerate meno autorevoli di un uomo. Questa condizione di partenza ci porta ad avere una certa insicurezza[112]. Inoltre, quando ci troviamo al centro dell'attenzione per pronunciare il nostro discorso, i componenti dell'uditorio guardano come siamo vestite e pettinate, se siamo grasse o magre, belle o brutte, giovani o vecchie e così via. Aspetti che, nella maggior parte dei casi, non hanno niente a che vedere con l'argomento che stiamo affrontando, ma sono un giudizio sulla nostra persona. Questa è la terrificante condizione di partenza che può generare fragilità e può portarci persino a cercare di evitare di prendere la parola.

Mentre intraprendiamo un necessario percorso collettivo e individuale per affrancarci da questa condizione, cosa possiamo fare per alleggerire la zavorra? Non sono una psicologa e non ho idea di come favorire la crescita personale. Ma, da appassionata di retorica, credo di sapere come riuscire ad apparire più autorevoli e sicure. Chissà che poi, a furia di sembrarlo, non si finisca almeno un po' anche per esserlo.

In questo ultimo capitolo del libro, mi permetto di offrire qualche semplice suggerimento per mostrare sicurezza, anche se dentro di noi l'ansia ha avviato il suo certosino e implacabile lavoro di sabotaggio: *chi me lo ha fatto fare? Chi mi credo di essere? Non potevo fare un bel concorso per piazzarmi da qualche parte, come dicevano i miei?* Dando per certo, nell'ultimo caso, che «da qualche parte» non si pronuncino discorsi in pubblico, il che non è affatto scontato.

Per sopravvivere in modo dignitoso a questi momenti di panico – e conseguente autocommiserazione – ci sono delle strategie della retorica o, se preferite, dei trucchi, che farebbero sembrare più sicuro persino Pollicino davanti ai Ciclopi. Non sono consigli solo per signore, sono adatti anche agli uomini. Ma conoscerli e metterli in pratica potrebbe aiutare le donne ad affrontare quel deficit di autorevolezza che le precede, prima ancora di dire buongiorno. Bisogna anche considerare che in Italia, il luogo dove è nata la retorica nel V secolo avanti Cristo, non se ne insegnano le tecniche né a scuola né all'università. Di conseguenza, chi ne conosce almeno alcune, è decisamente agevolato. Ecco, allora, alcune strategie da mettere in pratica per ostentare sicurezza. Soprattutto quando siamo in preda all'ansia e, piuttosto che prendere la parola, preferiremmo andare nella foresta finlandese e fare un bagno in una pozza scavata nella neve[113].

Stai al centro

Gli oratori insicuri e inesperti tendono istintivamente a evitare il centro della scena. Scelgono invece una posizione laterale che, in quel momento, li rassicura. Grande errore. Un oratore decentrato sembra sia lì per caso. Della serie: *perdonate l'interruzione, dico due parole e tolgo il disturbo*. Per evitare questo effetto da topolino nell'angolo quando il gatto è nei paraggi, è bene prendere un punto di riferimento visivo: un segno per terra, una porta di fronte a noi, il simbolo luminoso dell'uscita di emergenza. Mentre pronuncia il suo discorso, l'oratore potrà spostarsi da quella postazione, facendo qualche passo in avanti, verso destra e verso sinistra. Ma dovrà tendere sempre a tornare al centro. Inoltre l'*incipit* e l'*explicit*, le battute iniziali e quelle conclusive del discorso, saranno pronunciate nella posizione centrale. Nel caso in cui l'oratore stia mostrando una presentazione su uno schermo, dovrà posizionarsi al lato di quest'ultimo, per non impedirne la visione. Tuttavia, dovrà prendere il centro della porzione di spazio laterale che ha a disposizione. Insomma, no topo, sì gatto.

Cavalca il palco

Il pubblico giudica l'autorevolezza dell'oratore anche per come raggiunge la postazione dalla quale deve pronunciare il suo discorso. L'attrice Caterina Carpio, che spesso mi affianca nei corsi di formazione sul parlare in pubblico, ricorda che l'attore che prende la scena, ad esempio per pronunciare un monologo, deve percorrere il palco con passi più lunghi rispetto a quelli di una normale camminata. Vale lo stesso per l'oratore che raggiunge la posizione dalla quale pronuncerà il suo discorso. Non dovrà fare la corsetta alla Biden che, quando era in carica, era ansioso di mostrare al mondo quanto fosse ancora arzillo e scattante, malgrado la sua veneranda età. Ma dovrà incedere in modo deciso, per dare l'impressione di avere la totale padronanza della situazione. Vuoi mettere un'entrata a cavallo, rispetto a una su un triciclo?

Declama

Un discorso non va semplicemente detto, va declamato. Questo comporta, innanzitutto, alzare il tono della voce in modo netto, se parliamo senza microfono, e in modo meno evidente, ma percepibile, se parliamo con un microfono. Declamare significa anche pronunciare le parole con precisione, facendo sentire le lettere finali che tutti noi, nelle conversazioni quotidiane, tendiamo a «mangiare». A tal proposito, nella fase di preparazione, risulta utile pronunciare il nostro discorso con le *t* finali: *vorreit commentaret cont voit it risultatit dit questot annot*. Poi, quando togliamo le *t*, le parole risultano più chiare e nette e chi le pronuncia molto più sicuro di sé. Chiarot?

Arraffa il microfono

Chi sei tu per rinunciare al microfono? Se ce n'è uno a disposizione, prendilo senza farti pregare. Molti oratori insicuri hanno paura di ascoltare la propria voce amplificata. Anche se glielo offrono, tendono a dire: *no, tranquilli, parlo senza...* Dobbiamo invece avere paura che la nostra voce non arrivi in modo netto e chiaro a tutti. Al cinema, apprezziamo le sale in cui l'audio ci avvolge, perché ci aiuta a concentrarci sul racconto (in alcune sale, l'intento sembra piuttosto quello di spedirci dritti a comprare l'apparecchio acustico, ma questa è un'altra storia). Per assurdo, il microfono aiuta proprio quelli che vorrebbero passare inosservati. Li fa apparire più determinati e audaci. Regala coraggio a chi pensa di non averlo. Quindi, prendi quel microfono e parlaci dentro. Ma dentro, però. Non tenerlo lontano. Non gesticolare con la mano con la quale lo tieni, altrimenti sembra che stai urlando qualcosa da una macchina in corsa sull'autostrada: *vor ommnt voi i risulta anno*. Cheee?

Fai amicizia con le pause

Per tanto tempo, nel tentativo di aiutare gli oratori che sembravano perennemente incerti, mi sono chiesta quale fosse il suggerimento più rapido da mettere in pratica da dare loro. Sono giunta alla conclusione che la cura più immediata fosse quella della pausa. I silenzi, che isolano le parole chiave e onorano la punteggiatura, servono a creare una tensione nel pubblico, a far emergere i concetti, a concedere a chi ascolta istanti di riflessione. «Tornando a casa [*pausa*] troverete i bambini [*pausa*] date una carezza ai vostri bambini [*pausa*] e dite questa è la carezza del papa.» È l'invito di Giovanni XXIII nel *Discorso della Luna* del 1962. Il medesimo invito, pronunciato senza pause, non avrebbe avuto lo stesso effetto emotivo sul pubblico e non avrebbe mostrato l'autorevolezza gentile del «papa buono». La tendenza comune degli ansiosi è invece quella di pronunciare i discorsi di gran carriera, con il fiato corto. Un modo di parlare che comunica ansia e approssimazione. Le pause, invece, hanno il magico potere di far sembrare interessante anche quello che non lo è. Perché rinunciare a questo doping dell'autorevolezza assolutamente legale?

Lava i piatti

Questo consiglio è dedicato alle ragazze che incontro nelle scuole superiori o nei master. Molte tra loro hanno l'abitudine di nascondere il dorso della mano dentro le maniche della felpa, come se chiedessero l'elemosina con un piattino davanti a una chiesa di Bolzano, in pieno inverno e senza guanti. Di solito questa abitudine è accompagnata dalla tendenza a piegare la testa da un lato, come un cagnolino del canile municipale che spera di essere adottato. Inutile dire che questo modo di presentarsi è un attentato terroristico alla propria autorevolezza. Sembra infatti la rappresentazione teatrale del suo perfetto contrario. Quindi, giovani donne, tirate su le maniche come se doveste lavare i piatti, raddrizzate la testa e prendete la scena!

L'ERRORE È GIÀ IL PASSATO

«Le donne sono meglio di noi praticamente in tutto. Però hanno un brutto rapporto con l'errore. Quando fanno un errore si sentono malissimo. Se uno gli dà troppa importanza, l'errore ti blocca.» Sono le parole di Julio Velasco, commissario tecnico della nazionale italiana femminile di pallavolo, vincitrice della medaglia d'oro alle Olimpiadi di Parigi 2024[114]. Iacopo Volpi, l'intervistatore del documentario *Qui e ora* che ne racconta le imprese, fa notare come sia le giocatrici sia gli allenatori apparissero sorridenti dopo gli errori. È una regola che la squadra si è data per non farsi deconcentrare dai passi falsi. Commettere un errore può essere grave, ma rientra nella normalità del gioco. Per contro non è una buona scelta tormentarsi, sperando che la mortificazione faccia guadagnare la vita eterna. Anzi, l'effetto che si ottiene è di perdere la concentrazione e di commettere altre scemenze. Vale lo stesso per l'oratoria. Può capitare di balbettare, di bloccarsi, di dimenticare quel passaggio del discorso al quale tenevamo tanto. Peccato, sì. Ma è suicida concentrarsi sull'errore, invece che su quello che dobbiamo ancora raccontare o su quello che racconteremo nel prossimo discorso. Ci deconcentra e ci porta a perdere il contatto visivo con le persone che ci stanno ascoltando. Invece di comunicare con loro, ci stiamo guardando dentro e ci stiamo rimproverando davanti a tutti. Pessima idea: il pubblico se ne accorge e desidera proteggerci come se fossimo un gorillino sperduto nella nebbia. Peggio ancora, starci a rimuginare per la settimana a seguire, pensando che la nostra carriera di oratori sia giunta alla conclusione. Lo è solo se continuiamo a mortificarci. Non lo è se, come dice Velasco, stiamo già pensando alla prossima palla.

Corpo

Affacciamoci ora sul baratro del difficile rapporto delle donne con il proprio corpo. Tutte abbiamo qualche caratteristica fisica che detestiamo o che accettiamo a fatica. E tutte sappiamo che, appena prendiamo la scena, il pubblico esprimerà dentro di sé un giudizio sul nostro aspetto. Del resto, in qualche forma più o meno arcigna, lo facciamo anche noi, quando ci troviamo dall'altra parte della barricata. Ma l'oratore è un illusionista. Sposta l'attenzione dove crede sia funzionale al suo racconto, così come il mago dirotta gli occhi del pubblico su un dettaglio, in modo da nascondere il trucco. Incredibilmente, quando il discorso – non la persona – prende la scena, l'oratore si dimentica dei propri complessi. Il corpo diventa funzionale al suo argomentare: un fondamentale aiuto, più che un parente imbarazzante di cui vergognarsi. Anche in questo caso, ci viene in soccorso l'esperienza dell'attrice Caterina Carpio che, in teatro, ha recitato completamente nuda. «Non ho mai avuto un rapporto positivo con il mio corpo. Ogni estate al mare mi vergogno persino a mettermi in costume da bagno. Però, quando salgo sul palco, è un altro mondo. È il luogo della libertà. Quella non sono veramente io, perché divento un tramite, un personaggio, anche se la ciccia in più è la stessa [la vede solo lei *N.d.R.*], sia in spiaggia che in teatro.» Per assurdo, una donna molto bella è quasi meno credibile come oratrice. L'uditorio fatica a spostare l'attenzione dal suo aspetto al contenuto che quella fisicità così piacevole sta veicolando. La bellezza può infatti rappresentare, almeno inizialmente, un freno per la credibilità dell'oratrice. Viva la retorica che, una volta tanto nella nostra società, rende secondaria la bellezza esteriore.

Non guardare il capo

Il tuo capo ti ha scelto per parlare in pubblico e senti la responsabilità del ruolo che ti ha assegnato? Non lo guardare. O meglio, guardalo ma non più degli altri componenti dell'uditorio. Non devi in alcun modo dare l'impressione di cercare la sua approvazione. Solo così mostrerai il tuo carisma. Non pensi di averlo? Sbagliato. Al contrario di quello che ci ficcano nella testa fin da piccoli, il carisma non è una caratteristica genetica come gli occhi azzurri o i capelli castani. Ma una capacità che si acquisisce. E, se segui i consigli contenuti in questo elenco, ti assicuro, sei già sulla buona strada.

Goditi l'applauso

Molti oratori tendono a lasciare velocemente il palco nel momento dell'applauso finale, stroncandolo sul nascere invece di incoraggiarlo e prolungarlo. Gli applausi sono un'iniezione di autorevolezza per la persona che ha appena parlato e il meritato premio per il suo impegno e coraggio. Abbiamo sgobbato per preparare il discorso, abbiamo vinto la paura di affrontare il pubblico, abbiamo esposto il nostro corpo allo sguardo giudicante dell'uditorio e, ora, per quale maledetta e autolesionista falsa o autentica modestia evitiamo di farci premiare? Che Calimero si tolga l'ovetto dalla testa, una volta per tutte.

Una stanza e un po' di soldi. Le condizioni per prendere la parola secondo Virginia Woolf

Meglio l'indipendenza economica o il diritto al voto?

Se le donne sono meno presenti in certi settori è perché i due sessi sono naturalmente portati per esprimersi in ambiti diversi. Incredibilmente questa convinzione serpeggia ancora nella società contemporanea.

In un articolo sul quotidiano *la Repubblica*, non *Medioevo oggi*, il matematico Piergiorgio Odifreddi commenta l'esiguo o inesistente numero di donne insignite di premi legati al ragionamento astratto, come la matematica e la fisica teorica. Lo studioso cita il Nobel, il premio Turing, la Medaglia Fields, fino ad arrivare ai vincitori esclusivamente uomini dei campionati mondiali di scacchi. Un fenomeno che «[...] sembra indicare come l'attitudine femminile sia direttamente proporzionale alla concretezza e indirettamente proporzionale all'astrazione» commenta Odifreddi[115]. Una posizione non isolata, considerando che, qualche anno prima, Harvey Mansfield, filosofo e professore di Harvard – non proprio un'università di serie B – ha sostenuto che le donne non amano la competizione, sono avverse al rischio, meno inclini all'astrazione e troppo emotive[116].

Il dibattito sulle capacità delle donne e sulla loro adeguatezza al di fuori del tradizionale ambito dell'accudimento riaffiora con la puntualità di un orologio svizzero nei settori più disparati. La cantante Francamente, nome d'arte di Francesca Siano, ha partecipato all'edizione 2024 di *XFactor*, trasmessa su Sky. Viene eliminata nella semifinale, in quanto risulta la meno votata dal pubblico. Nel momento dei saluti, la cantante pronuncia poche parole che hanno riaperto la discussione sul talento femminile: «Comunque vada stasera, una sola ragazza andrà in finale, e credo che questa sia una grande sconfitta»[117]. Infatti Mimì, che poi ha vinto l'edizione, era la sola donna tra i quattro concorrenti che si contendevano il titolo, tra questi un altro solista e due gruppi, composti da tre e cinque uomini. Quindi, una su dieci. In totale, nel programma i partecipanti erano 32, tra gruppi e solisti, di cui cinque donne, ossia il 15%. Nei giorni successivi alla dichiarazione di Francamente, si è scatenata una polemica mediatica sull'opportunità di quelle parole. L'account Instagram @tuttosulrap_magazine ha attribuito la colpa alle donne «perché gli uomini ancora oggi sono più intraprendenti»[118]. Il post ha dato il via a una valanga di commenti.

Le riflessioni sul merito e la meritocrazia, presenti in questo capitolo (7.2), ci portano piuttosto a pensare che, invece di dare ancora una volta la colpa all'inadeguatezza femminile, dobbiamo porci la domanda di come fare a rimuovere le barriere che la società, non certo gli organizzatori di *XFactor,* pone alla loro totale realizzazione.

Nel 1928, la scrittrice Virginia Woolf affronta una questione simile, quando viene invitata a tenere due conferenze in due scuole universitarie femminili di Cambridge su «Le donne e il romanzo». La raccolta ampliata dei testi delle due conferenze diventa il saggio *Una stanza tutta per sé*, considerato un manifesto femminista[119].

Virginia Woolf si chiede quali siano i presupposti per la creazione di un'opera d'arte. La risposta è semplice e geniale allo stesso tempo. Per scrivere bisogna godere di un po' di tranquillità e non dover chiedere soldi a nessuno. Una stanza in cui poter stare sole per concentrarsi, con una porta di cui si possiede la chiave, e una rendita, in modo da essere indipendenti. Due condizioni sulle quali le donne dell'epoca non potevano contare. La stessa Virginia Woolf racconta di aver appreso da una lettera che una zia le aveva lasciato in eredità un vitalizio di 500 sterline l'anno, nei giorni in cui si discuteva la legge che avrebbe concesso il voto alle donne. La notizia della rendita le era sembrata di gran lunga più importante. Indubbiamente, nell'immediato, l'indipendenza economica le garantiva maggiore libertà del diritto al voto.

Virginia Woolf ci insegna un ragionamento che ancora oggi ci salva dal farci risucchiare dal vortice delle chiacchiere mediatiche, che non portano ad altro che ad alimentare il vortice stesso, senza far progredire di un millimetro la discussione. Le sue parole, infatti, fanno emergere come, ai suoi tempi, l'esiguità del numero di scrittrici non fosse imputabile alla natura femminile, come qualche suo contemporaneo sosteneva fieramente, ma alla condizione nella quale le donne vivevano, anche le più privilegiate tra loro. Allo stesso modo, oggi, la scarsità della rappresentanza femminile nei ruoli di punta di tanti contesti della società, *XFactor* compreso, può effettivamente avere tra le sue cause la minore intraprendenza delle donne, come evidenziato da @tuttosulrap_magazine. Tuttavia questa discussione sarebbe incompleta se non si tenesse conto degli studi sul tema, in parte analizzati in questo volume, che ci raccontano come le donne tendano ancora a sottostimarsi, a temere il giudizio più degli uomini e a farsi condizionare da stereotipi in cui la società e le loro stesse famiglie le ingabbiano. Dunque, per uscire dal vaniloquio acchiappa clic, dobbiamo spostare il dibattito sull'individuazione e la rimozione di questi freni. In sostanza dobbiamo chiederci quale sia la «stanza tutta per sé» di cui hanno bisogno oggi le donne per emergere. Perché, parliamoci chiaro, cadere ancora una volta nel buco nero intellettuale della loro colpevolizzazione è sinceramente un'enorme, mastodontica, insopportabile scemenza che non porta niente di utile alla discussione.

La metonimia di Woolf

A scuola, i pochi di noi che hanno avuto modo di studiare le figure retoriche, hanno fatto finta di capire la differenza tra *sineddoche* e *metonimia*. Rientro anche io in questa categoria. Nell'analisi di una poesia, appena dicevamo «questa è una sineddoche» venivamo subito corretti: «no, è una metonimia»; e viceversa. Ho sempre avuto l'impressione che questo avvenisse secondo il sempreverde criterio dell'*a casaccio*. La verità è che la linea di demarcazione tra le due figure retoriche è scolorita e questo le rende difficili da distinguere.

Mi diverte conoscere i nomi stravaganti delle figure (ognuno ha i suoi eccentrici piaceri), ma penso che la forza dell'arte della persuasione non si possa limitare alla sua tassonomia. Tuttavia saper individuare l'iperbato, il chiasmo o l'*adynaton* può aiutare ad apprezzare la genialità di testi letterari e discorsi, e a diventare noi stessi scrittori e oratori migliori. Le figure retoriche ci svelano infatti l'anatomia di un testo. Ci raccontano come è costruito e perché alcuni passaggi destano il nostro interesse, tanto da scolpirsi nella mente. Non è detto che lo scrittore pensi «Adesso ci metto una bella similitudine». Tante volte gli viene e basta. Ma chi ha idea di come funzioni il processo di scrittura, sa che l'autore impiega tempo ed energia a cercare l'espressione più efficace per dare voce a un concetto. Nella maggior parte dei casi, quella espressione contiene una figura retorica.

Nel testo per le sue conferenze di Cambridge, Virginia Woolf sceglie una doppia metonimia: la stanza e i soldi. Due immagini che ci rimangono impresse per due motivi: da una parte, riescono a comunicare alla perfezione il concetto che la scrittrice vuole esprimere; dall'altra, aiutano il lettore e il pubblico che al tempo ha avuto il privilegio di ascoltare la scrittrice dal vivo a memorizzare il concetto e trasferirlo ad altri in modo sintetico, attivando un passaparola intellettuale.

La metonimia è una figura retorica che consiste nel sostituire un termine con un altro, che ha con il primo una relazione di vicinanza, per esempio di causa-effetto. Se diciamo che qualcuno ha «una buona penna», intendiamo che è un bravo scrittore. La *causa* è la penna con la quale scrive e l'*effetto* è la qualità della sua produzione letteraria. La retorica ci permette di divertirci con queste due carte, sostituendo l'una con l'altra, come in un gioco di prestigio. Nell'*incipit* del discorso, Virginia Woolf introduce la prima metonimia: la condizione necessaria, anche se non sufficiente, per diventare scrittrici è essere lasciate in pace. Il concetto viene tradotto in un'immagine facile da visualizzare: poter godere di una stanza tutta per sé. Una causa che sembra marginale, diventa cruciale ed evoca un'esigenza molto più ampia di emancipazione femminile.

«Ma, direte, noi le abbiamo chiesto di parlare delle donne e il romanzo – che c'entra il fatto di avere una stanza tutta per sé? Cercherò di spiegarmi. Quando mi avete pregato di parlarvi delle donne e il romanzo, mi sono seduta sulla sponda di un fiume e mi sono domandata cosa significassero queste parole.»

Poco dopo, Woolf esprime la tesi del suo discorso in modo esplicito e completo. La scrittrice spiega come è arrivata alla formulazione di questa idea, nell'intento di offrire al pubblico «almeno un nocciolo di pura verità» da annotare su un quaderno che verrà poi conservato sulla mensola del camino. È il momento nel quale emerge la seconda metonimia: i soldi.

«La sola cosa che potevo fare era offrirvi un'opinione su una questione piuttosto secondaria: una donna, se vuole scrivere romanzi, deve avere soldi e una stanza per sé, una stanza propria.»

Molti pensano che l'idea chiave di un discorso debba essere altisonante: la pace, la libertà, la giustizia... Tuttavia questi concetti, se affrontati in astratto, rischiano di rendere l'allocuzione banale. Non dico che sia impossibile farlo, ma il rischio di scadere nel trito è dietro l'angolo. Una grande scrittrice come Virginia Woolf ci insegna che, per parlare di uguaglianza tra gli esseri umani, si può partire da due aspetti prosaici e materiali. Una strategia argomentativa resa possibile dalla doppia metonimia, che contribuisce anche a dare unità al discorso. La stanza e i soldi, infatti, sono due fili che percorrono l'intero testo. L'autrice non li abbandona, ma li usa per costruirne l'impalcatura argomentativa.

Più avanti, troviamo una *metafora*: lo specchio è l'oggetto che rassicura il patriarca, lo aiuta a trovare fiducia in sé stesso. Quello specchio, che per l'uomo è «magico e delizioso», è la donna. Il patriarca vede in esso la sua figura «raddoppiata». Il confronto con esseri che considera inferiori – le donne, ossia la metà della popolazione – ha il potere di farlo sentire ingigantito.

«La vita, tanto per un sesso quanto per l'altro [...] è ardua, è difficile, una lotta continua. Richiede un coraggio e una forza giganteschi. Più che altro, forse, perché siamo creature d'illusione, richiede fiducia in sé stessi. [...] E come possiamo generare in noi, nel modo più sbrigativo possibile, questa imponderabile eppure inapprezzabile qualità? Pensando che gli altri sono inferiori a noi. Pensando che possediamo qualche superiorità innata [...]. Perciò è così importante, per un patriarca il quale deve conquistare, il quale deve governare, la possibilità di sentire che moltissime persone, la metà della razza umana infatti, sono per natura inferiori a lui. Anzi deve essere questa una delle fonti principali del suo potere. [...] Per secoli le donne sono stati specchi magici e deliziosi in cui si rifletteva la figura dell'uomo, raddoppiata.»

Successivamente, torna sul concetto della stanza. Woolf cita l'esempio della scrittrice inglese Jane Austen, che non aveva uno studio ed era costretta a lavorare nel soggiorno, dove veniva continuamente interrotta. Inoltre l'autrice di *Orgoglio e pregiudizio* si vergognava di scrivere e nascondeva il foglio ogni volta che qualcuno, eccetto la sua famiglia, entrava nella stanza.

«"Ella aveva cura che né le persone di servizio né i visitatori si accorgessero della sua occupazione, della quale soltanto la famiglia era a conoscenza"[120]. Jane Austen nascondeva i suoi manoscritti o li copriva con un pezzo di carta assorbente. [...] si rallegrava dello scricchiolio del cardine, solo perché esso le permetteva di nascondere il manoscritto prima che entrasse un estraneo.»

Verso la fine, Virginia Woolf riprende ancora una volta i due fili del discorso: la stanza e i soldi, come condizioni materiali per assicurare la libertà della donna e la sua capacità creativa. Precondizioni anche per quella che viene considerata l'espressione più alta della letteratura: la poesia.

«La libertà intellettuale dipende da cose materiali. La poesia dipende dalla libertà intellettuale. E le donne sono sempre state povere, non soltanto in questi duecento anni, ma dagli inizi dei tempi. Le donne hanno avuto meno libertà intellettuale di quanta ne avessero i figli degli schiavi ateniesi. Le donne, pertanto, non hanno avuto la più piccola opportunità di scrivere poesia. Perciò ho insistito tanto sul denaro e sulla stanza propria.»

Alla fine del discorso, la scrittrice annuncia in modo esplicito la *perorazione*, la parte dell'allocuzione in cui, secondo la retorica classica, si tirano le somme e si cerca di coinvolgere emotivamente l'uditorio («mozione degli affetti»). Woolf fa riferimento a una presunta talentuosa sorella di Shakespeare che, in quanto donna, non ha avuto la stessa possibilità di esprimere il suo genio come il fratello. È un'espediente retorico che serve a rendere tangibile un concetto, rendendolo persona.

«Vi ho già detto che Shakespeare aveva una sorella; ma non la dovete cercare nelle biografie del poeta. Ella morì giovane; ahimè non scrisse mai una parola. Giace seppellita là dove si trova oggi la fermata degli autobus, presso Elephant and Castle. Ora io credo che questa poetessa, che non scrisse mai una parola e venne sepolta presso un incrocio, viva ancora. Vive in voi e vive in me, e in molte altre donne che non si trovano qui stasera, perché stanno a casa a lavare i piatti e a far dormire i bambini. Tuttavia essa vive; perché i grandi poeti non muoiono;

sono presenze perenni; hanno bisogno soltanto di un'opportunità per tornare tra noi in carne e ossa. Ora questa opportunità, mi sembra, siete finalmente in grado di offrirgliela voi.»

La scrittrice esorta le giovani donne che la ascoltano a dare vita a un movimento di liberazione, che vada oltre le loro singole esistenze. È l'invito all'azione finale.

«Poiché io credo che se viviamo ancora un altro secolo – parlo della vita comune, che è la vera vita, e non delle piccole vite isolate che ognuno di noi vive come individuo – e riusciamo ad avere cinquecento sterline l'anno, ognuna di noi, e una stanza propria; se abbiamo l'abitudine della libertà e il coraggio di scrivere esattamente ciò che pensiamo [...]; se guardiamo in faccia il fatto, poiché si tratta di un fatto, che non c'è un solo braccio al quale appoggiarsi, ma che dobbiamo fare la nostra strada da sole e che dobbiamo essere in relazione con il mondo della realtà e non soltanto con il mondo degli uomini e delle donne, allora si presenterà finalmente l'opportunità, e quella poetessa morta, che era sorella di Shakespeare, ritornerà al corpo del quale tante volte ormai ha dovuto spogliarsi. [...] Ma io sostengo che ella arriverà, se lavoriamo per lei; e che lavorare così, sia pur nella povertà e nell'oscurità, vale la pena.»

Anche ai nostri giorni, la sorella di Shakespeare chiede di essere riportata in vita. Facciamo sentire la nostra voce, per tutte quelle donne che non hanno avuto o non hanno ancora oggi la possibilità di studiare, di essere indipendenti economicamente, di avere quel tempo necessario per elaborare un pensiero. Quanto talento sprecato, quante idee che non hanno mai visto la luce, quanta creatività rimasta sopita perché mai coltivata. In nome di tutto questo enorme potenziale inespresso delle donne, non possiamo più permetterci di tirarci indietro. Esprimiamo dunque noi stesse. Prendiamo la parola e diventiamo grandi oratrici.

APPENDICE

I discorsi potenti delle donne

L'oratoria femminile non si limita ai temi femministi. In questa appendice, voglio parlare dei discorsi pubblici di donne che affrontano vari argomenti, mettendo in campo strategie retoriche alle quali tutti noi possiamo ispirarci per rendere potenti le nostre parole. Quando si fanno le ricerche sui migliori discorsi di sempre, i primi nomi che vengono fuori sono Martin Luther King, Winston Churchill, John Fitzgerald Kennedy o, per l'Italia, Giovanni XXIII con il suo invito a dare una carezza ai bambini. Nelle liste dei discorsi che hanno fatto la storia, il genere femminile è sempre poco rappresentato. Si inserisce qualche donna giusto per salvare la faccia, dopo che ci si è resi conto che, nella selezione finale, c'è solo la sedicenne Malala con il suo bellissimo discorso delle Nazioni Unite. Meglio aggiungerne almeno un'altra, sennò poi chi le sente le femministe!

Invece le donne hanno pronunciato discorsi importanti, non solo sulle pari opportunità, ma sui temi più disparati. Basta vincere la pigrizia mentale che ci porta a rovistare nei soliti cassetti per cercare quella sciarpa che non indossiamo da mesi. Lì non c'è. Bisogna allargare il campo, magari è scivolata dietro alla cassettiera o aspetta di essere scovata nel buio di una valigia riposta sul soppalco.

Già porsi l'esigenza di cercare nuovi nomi, senza aspettare di inciamparci per caso, è un buon inizio. Ci aiuta a vincere la solita inerzia che porta a pensare che, quando si parla di eccellenza, le donne non siano della partita, per mille motivi storici e culturali che noi, come singoli individui, non possiamo certo risolvere.

È vero che, sia nel passato sia nel presente, le donne oratrici sono meno degli uomini. Ma è anche vero che, se quelle che ci sono aspettiamo di trovarle per caso come la sciarpa dietro alla cassettiera, il campo apparirà ancora più ristretto di quello che è.

Ma perché questo dovrebbe essere un problema? Innanzitutto perché il lavoro di ricerca non sarebbe scientificamente apprezzabile, a causa della sua incompletezza; inoltre perderemmo dei capolavori dell'oratoria, come vedremo negli esempi che seguono (e questo è sempre un delitto); infine questa sciatteria ci porterebbe ad alimentare il pregiudizio secondo il quale le donne devono rinunciare a dire la loro nello spazio pubblico.

Confesso di essere stata affetta anche io dal vizio capitale dell'accidia, la cui derivante apatia porta a pensare: *se non ci sono discorsi di donne, io che ci posso fare?* Per uscire da questa pigrizia, mi è servita l'esperienza di Ros Atkins della BBC (capitolo 5.2), che mi ha fatto comprendere una semplice verità: basta darsi un po' da fare. Non esclusivamente per un senso di giustizia nei confronti del genere umano, che non può limitarsi alla sua metà, ma soprattutto per non perdere dei grandi esempi di oratoria che servono a tutti, sia agli uomini sia alle donne.

Propongo di seguito una piccola collezione che risponde al mio gusto personale e non ha nessuna pretesa di completezza. Credo sia importante offrire esempi di discorsi di natura diversa, rispetto a quelli che ho citato finora a chiusura di ogni capitolo. Ecco quindi i discorsi di donne che non parlano di donne.

Joséphine Baker: «Volevo quella tazza di caffè»

Sì, proprio Joséphine Baker. Quella che alcuni ricorderanno per il gonnellino di banane e i costumi di scena succinti che le lasciavano il seno nudo.

Non era solo una ballerina e cantante della rivista francese, ma una donna dalle tante vite. Discendente di schiavi, nasce nel 1906 a Saint Louis, negli Stati Uniti, da madre afroamericana e padre ispanico. Si trasferisce a Parigi dove, negli anni Venti, può vivere da normale cittadina, lontana dalla segregazione razziale del suo Paese di origine.

Inventa un modo tutto suo di ballare il charleston, mentre fa le smorfie e gli occhi storti. È l'artista più fotografata di Francia e tra le più corteggiate dagli stilisti. Lancia una sua linea di cosmetici autoabbronzanti, per donne bianche che vogliono avere la pelle come la sua[121].

Durante la Seconda guerra mondiale, si impegna nel controspionaggio francese, attività per la quale le viene conferita la Legion d'Onore da Charles De Gaulle.

Adotta dodici figli di origini diverse – dal Giappone alla Finlandia, fino all'Algeria – e la sua famiglia diventa il simbolo della possibile convivenza di esseri umani di provenienza diversa.

Nel 1963, in occasione della Marcia su Washington per il Lavoro e la Libertà, pronuncia un discorso prima del famoso *I have a dream* di Martin Luther King. Per l'occasione, indossa la divisa della resistenza francese con le medaglie appuntate sul petto.

Ecco un passaggio del discorso, dove Baker si concentra su un *aneddoto*, una piccola vicenda, che diventa il simbolo della lotta per i diritti: una tazza di caffè.

«Quando sono scappata, sì, quando sono scappata in un altro Paese (*la Francia*) [...] potevo entrare in qualsiasi ristorante volessi, e potevo bere acqua ovunque volessi, e non dovevo nemmeno andare in un bagno per persone di colore, e devo dirvi che era bello, e mi sono abituata, e mi piaceva [...]. Poi, dopo molto tempo, sono venuta in America per partecipare a un grande spettacolo del signor Ziegfeld. [...] Sapete, amici, che non mento quando dico che sono entrata nei palazzi di re e regine e nelle case dei presidenti. E molto di più. Ma non potevo entrare in un albergo in America e prendere una tazza di caffè, e questo mi faceva arrabbiare. E quando mi arrabbio, sapete che apro la mia boccaccia. E poi attenzione, perché quando Joséphine apre la bocca, la sentono in tutto il mondo. [...] Così hanno pensato di infangarmi e il modo migliore per farlo era di darmi della comunista. E sapete anche voi cosa significava. Erano parole temute a quei tempi, e voglio anche dirvi che sono stata perseguitata dalle agenzie governative in America, e non c'è mai stata un'oncia di prova che io fossi una comunista. Ma erano arrabbiati. Erano arrabbiati perché avevo detto la verità. E la verità era che tutto ciò che volevo era una tazza di caffè. Ma volevo quella tazza di caffè proprio dove desideravo berla, e avevo i soldi per pagarla, quindi perché non avrei dovuto averla dove volevo?»

Elisabetta I: «Ho il cuore e lo stomaco di un re»

La regina vince, il re perde. Siamo nel 1588 e l'Invincibile Armata di Filippo II di Spagna si sta dirigendo verso le coste inglesi. Il sovrano vuole invadere l'Inghilterra, destituire Elisabetta I e porre fine al suo sostegno ai ribelli protestanti delle Fiandre, in guerra con la Spagna.

Elisabetta I visita le sue truppe di stanza a Tilbury, vicino alla foce del Tamigi. Sembra la dea della guerra. Indossa un'armatura sopra un abito bianco, monta un cavallo dello stesso colore e i capelli rossi sono ornati da piume. Pronuncia un discorso per motivare i suoi uomini. L'Invincibile Armata non si rivela essere così invincibile e la vittoria degli inglesi segna la fine della supremazia spagnola sui mari.

La sovrana è anche conosciuta come la «regina vergine». Governa da sola. Non si sposa, ma fa finta di accettare i vari pretendenti per girare a suo vantaggio le relazioni politiche. Riceve un'istruzione umanistica e sembra parlasse cinque lingue, già all'età di undici anni. Con il tempo impara a parlare o leggere inglese, gallese, greco, latino, spagnolo, francese e italiano.

Contraria ai fanatismi, diventa maestra dell'arte della politica. Il suo regno dura quarantacinque anni ed è caratterizzato da sviluppo economico e vivacità culturale. Il passaggio chiave del suo discorso alle truppe a Tilbury punta su un *paradosso*: uomini, non fatevi sviare dal mio aspetto fragile.

«So di avere il corpo debole e delicato di una donna; ma ho il cuore e lo stomaco di un re, e per di più di un re d'Inghilterra, e penso con disprezzo al fatto che il duca di Parma[122] o qualunque principe d'Europa, possa osare invadere i confini del mio regno. Pertanto, piuttosto che accrescere il mio disonore, io stessa rischierò il mio sangue reale, io stessa sarò il vostro generale, giudice e ricompensatore di ciascuno dei vostri meriti nel campo di battaglia.»

Chimamanda Ngozi Adichie: «Il problema degli stereotipi non è che sono falsi, ma che sono incompleti»

«We should all be feminists» è la scritta che compare su una maglietta bianca a maniche corte di Dior, 85% cotone e 15% lino. Oltre che femministi, dovremmo essere anche tutti ricchi sfondati perché la maglietta costa 750 euro[123]. I prezzi della moda conoscono ragioni che la ragione non conosce, quindi mi tengo fuori dal giudizio sulla sensatezza o meno di questa cifra. La cosa rilevante, invece, è che la frase di un'intellettuale contemporanea sia diventata talmente rappresentativa da finire su un capo di abbigliamento. A volerlo è stata Maria Grazia Chiuri in persona, brillante direttrice creativa della Maison Dior. La citazione è della scrittrice nigeriana Chimamanda Ngozi Adichie ed è il titolo di una sua conferenza per la piattaforma TED[124], poi diventata un saggio.

Adichie ha scritto romanzi premiati e tradotti in più di cinquanta lingue e, nel 2015, è stata inserita nella lista di *Time* delle persone più influenti del mondo.

È un'oratrice fenomenale. Rientra tra i pochissimi esseri umani che sanno pronunciare un discorso leggendo da un leggio, senza perdere il contatto con il pubblico. Un altro tra questi è papa Francesco.

Nel 2009, sempre per TED, Chimamanda Ngozi Adichie pronuncia un'allocuzione nella quale riflette sui paraocchi degli stereotipi, che inducono a inchiodare la nostra mente su un unico punto di osservazione, quando invece ogni realtà è fatta di tante storie parallele. Storie che tutti noi dobbiamo fare lo sforzo di cercare, senza fermarci alla prima osteria, la prima narrazione che ci troviamo sotto il naso. Una donna africana sa bene cosa siano gli stereotipi, perché il suo continente ne attira moltissimi. Questa consapevolezza diventa, per la scrittrice, un'occasione di riflessione sui pregiudizi che affliggono tutti noi. Nessuno escluso. Nel suo discorso, ci offre una figura retorica che si chiama *definizione retorica*, una definizione di una parola che non è esattamente quella che troviamo nel vocabolario, ma è propria dell'oratore. La parola è *stereotipo*.

«Se non fossi cresciuta in Nigeria e se tutto ciò che sapevo dell'Africa fosse stato frutto di immagini popolari, anch'io avrei pensato che l'Africa fosse un luogo di bellissimi paesaggi, bellissimi animali e persone incomprensibili, che combattono guerre insensate, muoiono di povertà e di AIDS, che non sono in grado di parlare da sole e che aspettano di essere salvate da uno straniero bianco e gentile. [...] Raccontare una sola storia crea stereotipi, e il problema degli stereotipi non è che siano falsi, ma che sono incompleti. Fanno sì che una storia diventi l'unica storia. Certo, l'Africa è un continente pieno di catastrofi. Ci sono catastrofi immense, come gli orribili stupri in Congo, e catastrofi deprimenti, come il fatto che cinquemila persone si candidano per un posto di lavoro in Nigeria. Ma ci sono altre storie che non riguardano le catastrofi, ed è molto importante parlarne. Ho sempre pensato che sia impossibile confrontarsi adeguatamente con un luogo o una persona senza confrontarsi con tutte le storie di quel luogo e di quella persona. La conseguenza dell'unica storia è questa: priva le persone della dignità. Rende difficile il riconoscimento della nostra uguale umanità. Enfatizza le differenze piuttosto che le somiglianze. Le storie sono importanti. Molte storie sono importanti. Le storie sono state usate per espropriare e denigrare, ma le storie possono anche essere usate per rafforzare e umanizzare. Le storie possono spezzare la dignità di un popolo, ma le storie possono anche riparare quella dignità spezzata.»

Nilde Iotti: «Parliamo di sentimenti»

Quando andavo alle elementari, i figli dei divorziati erano pochissimi e venivano guardati con quel misto di tenerezza e commiserazione che si riserva ai bambini sfortunati. Il divorzio era infatti una conquista recente e non era ancora così diffuso. I nostri genitori si sposavano giovani, in un mondo dove il matrimonio era per sempre. A pensarci oggi sembra pura follia. Il divorzio è stato introdotto in Italia nel 1970 e ha scatenato un fronte di protesta che ha portato al referendum per la sua abrogazione nel 1974. Gli antidivorzisti erano strenuamente rappresentati dalla Chiesa cattolica, dalla Democrazia Cristiana e dal Movimento Sociale Italiano.

La campagna referendaria ha messo il Paese di fronte a una nuova visione della famiglia e della società. Il democristiano Amintore Fanfani ammoniva le mogli dicendo che, se la legge non fosse stata abrogata, i mariti sarebbero scappati con le domestiche[125]. Il no all'abolizione della legge ottenne il 59,26% dei voti. Chissà quante signore hanno brindato quando le domestiche si sono finalmente accollate quei rompiscatole dei mariti.

Nel 1969, Nilde Iotti chiede la parola alla Camera in favore del disegno di legge sul divorzio. In seguito diventerà la prima donna ad assumere il ruolo di terza carica dello Stato. Al tempo del discorso era deputata del Partito Comunista. Era stata una partigiana e, nel 1946, membro della commissione che aveva il compito di scrivere la Costituzione del Paese. Di bigottismo ne sapeva qualcosa: la relazione con il compagno di partito Palmiro Togliatti, sposato e con un figlio, l'aveva fatta scontrare con la morale bacchettona dei comunisti.

Il *logos*, la concatenazione delle argomentazioni, fa emergere la struttura solida del ragionamento, che intende rispondere in modo puntuale alle ragioni portate avanti dagli antidivorzisti. La deputata si concentra su una questione sociologica e antropologica: la funzione della famiglia è cambiata. Nell'era moderna, l'esigenza razionale e opportunistica di «accasamento» è stata prevalentemente sostituita (o accompagnata) dalla necessità di provare un sentimento, perché il sentimento non significa dissennatezza ma è parte stessa della razionalità. Un *ossimoro*, un'apparente contraddizione che serve a fare luce sulla complessità dell'essere umano e delle sue relazioni.

«[...] nel passato la famiglia ha costituito essenzialmente un momento di aggregazione della società umana, basato su motivi molto diversi, l'accasamento particolarmente per le donne, la procreazione dei figli, la trasmissione del patrimonio. Questi erano i motivi fondamentali che portavano alla costituzione della famiglia; la famiglia, cioè, ha risposto, in qualche modo, alla ricerca di collocazione sociale degli individui. [...] Non sono, isolati o presi insieme, considerati sufficienti per spingere le persone a contrarre matrimonio ed a formare la famiglia. A noi pare che ciò che nel mondo moderno spinge le persone al matrimonio ed alla formazione della famiglia, ciò che rende morale nella coscienza popolare la formazione della famiglia, sia in primo luogo l'esistenza di sentimenti. [...]

Noi parliamo di sentimenti che investono profondamente la personalità dell'individuo, che giungono ad essere parte della sua razionalità, per cui il dono totale di sé stessi che è alla base del matrimonio diviene ad un tempo affermazione e conquista di sé stessi. Questa, io credo, è oggi la base morale del matrimonio.»

Dolores Ibárruri: «¡No pasarán!»

Quando un oratore usa un'espressione che diventa un modo di dire, ha fatto centro. È quello che è successo nel 1936 alla deputata antifascista spagnola Dolores Ibárruri che, il giorno dopo il colpo di Stato di Francisco Franco in Spagna, incita i repubblicani a resistere. In quel discorso, trasmesso alla radio, pronuncia per la prima volta il grido «¡No pasarán!» (Non passeranno), che sarà l'emblema delle lotte antifasciste.

Non è la prima a pronunciare quel grido, ma questo in comunicazione è irrilevante. Quello che importa è a chi quel modo di dire viene comunemente attribuito. Sembra sia successa la stessa cosa per il *chiasmo* di Kennedy «Non chiederti cosa il tuo Paese può fare per te, chiediti cosa tu puoi fare per il tuo Paese», che il presidente ha pronunciato nel suo discorso di insediamento del 1961. La disposizione a incrocio dei concetti rievoca le parole del preside della Choate School di Wallingford che il presidente americano aveva frequentato[126]. Ma il fatto che l'espressione non sia originale al 100% non toglie nulla alla potenza e all'originalità stessa dell'oratore.

Ibárruri è famosa anche per essere la «Pasionaria». Il termine, che significa "rivoluzionaria appassionata e tenace", viene da lei stessa. Era lo pseudonimo che aveva scelto per firmare i suoi articoli per il quotidiano dei minatori per il quale scriveva. Il suo primo contributo al giornale apparve infatti durante la settimana della Passione.

Oggi diremmo che Dolores Ibárruri è un genio del marketing, per la sua capacità di trovare espressioni memorabili. Da comunista qual era, non credo sarebbe entusiasta di questa attribuzione. Ho lavorato per qualche anno nelle agenzie di pubblicità e, dal mio punto di vista, non ci trovo niente di male. Credo che il marketing sia una grandissima scuola di comunicazione. Come la retorica, dalla quale prende molte strategie, il suo scopo è affermare un prodotto, un servizio, ma anche un principio. Esattamente come la retorica, può essere usato per scopi positivi o negativi. Il mezzo in sé è neutro. Ma se quel prodotto, quel servizio o quel principio non vengono comunicati in modo efficace, sono destinati a rimanere nell'ombra. Invece tutti, anche i rivoluzionari, hanno bisogno dei riflettori.

«Operai! Contadini! Antifascisti! Spagnoli patrioti! Davanti alla sollevazione militare fascista tutti in piedi a difendere la Repubblica, a difendere le libertà popolari e le conquiste democratiche del popolo! [...]

Al grido de *il fascismo non passerà, non passeranno i boia di ottobre!*[127] gli operai e i contadini di tutte le province di Spagna si uniscono alla lotta contro il nemico della Repubblica che ha impugnato le armi. I comunisti, i socialisti, gli anarchici, i repubblicani democratici, i soldati e le forze fedeli alla Repubblica hanno inflitto le prime sconfitte ai facinorosi, che trascinano nel fango del tradimento l'onore militare di cui tante volte si sono vantati.

Tutto il Paese trema d'indignazione di fronte a questi banditi che vogliono affondare la Spagna democratica e popolare in un inferno di terrore e morte.

Ma *no pasarán!*

La Spagna intera si prepara a combattere. A Madrid il popolo per le strade sostiene il governo e lo sprona con decisione e spirito di lotta affinché i militari e i fascisti insorti vengano annientati.

Giovani, preparatevi alla battaglia!»

Angela Merkel: «Wir schaffen das», possiamo farcela

Prima di diventare un personaggio politico, Angela Merkel è stata una scienziata della Germania Est. In un suo discorso, confessa che da adolescente che viveva al di là della cortina di ferro desiderava «una certa marca di jeans», che sua zia della Germania Ovest le mandava regolarmente[128]. Dopo la caduta del Muro di Berlino, aderisce al nuovo partito Risveglio Democratico che poi si fonde con la CDU della Germania Ovest. Helmut Kohl ne scopre il talento e le dà un ruolo nel suo governo. Anche Merkel deve fare i conti con il maschilismo. La chiamano il «pulcino». Poi però, il pulcino, guida la Germania per sedici anni.

Nel luglio 2015, la cancelliera partecipa a un incontro con gli studenti ripreso dalla televisione. Reem Sahwil, una ragazza di quattordici anni, esprime la sua preoccupazione: «Sono palestinese e vivo in Germania da qualche tempo, vengo da un campo di rifugiati nel Libano. Ho imparato tedesco e inglese, ma ora tutto rischia di essere inutile. Mio padre sta avendo problemi con il permesso di soggiorno e la mia famiglia rischia di essere allontanata dalla Germania. Vorrei fare l'università qui ma non so se potrò rimanere. Sono molto preoccupata per il mio futuro, vorrei poter essere serena come gli altri intorno a me». La cancelliera replica: «Lo capisco, ma la politica a volte è dura [...]. Non possiamo accoglervi tutti»[129]. La ragazza scoppia in lacrime e Merkel imbarazzata si avvicina per consolarla. Queste immagini fanno il giro del mondo e Angela Merkel viene criticata per la sua freddezza.

In una conferenza stampa il mese dopo, con quasi un milione di migranti siriani ai confini, Merkel pronuncia parole di senso opposto. Il suo «possiamo farcela» diventa un manifesto. La cancelliera esprime l'orgoglio di guidare un Paese forte, capace di dare il suo contributo a un'emergenza planetaria come quella delle migrazioni di chi scappa dalla povertà, dalla persecuzione e dalla guerra. Dopo la conferenza stampa, circa 820.000 profughi siriani vengono ospitati in Germania, un impegno che non ha trovato eguali in nessun'altra nazione europea. La scelta della cancelliera ha portato però delle conseguenze, come il rafforzamento del partito di ultradestra Alternative für Deutschland, contrario all'accoglienza[130]. Tuttavia quelle parole rimangono ancora oggi una dimostrazione di coraggio. Una dote rara in politica.

«Lo dico molto semplicemente: la Germania è un Paese forte. Il motivo per cui ci accingiamo a fare qualcosa deve essere: siamo già riusciti a fare tante cose, possiamo farcela! Ce la faremo e qualunque ostacolo che si metterà sulla nostra strada dovrà essere superato. Il governo federale farà tutto ciò che è in suo potere, assieme ai Länder e ai comuni, per attuare tutto questo.»

Jacinda Ardern: «Non gli daremo nulla, nemmeno il suo nome»

Non siamo certo abituati a vedere un capo di Stato incinta. Infatti, nel 2018, la premier neozelandese Jacinda Ardern è stata la seconda in assoluto, dopo Benazir Bhutto, a partorire mentre era in carica.

Appassionata di politica fin da ragazza, Ardern milita nel partito laburista e diventa primo ministro nel 2017, a soli trentasette anni. Viene confermata per il secondo mandato, ma lascia con nove mesi di anticipo. Lo annuncia con un discorso in cui mostra di essere visibilmente emozionata: «So quale impegno richiede questo incarico. E so che non ho più abbastanza energie per ricoprirlo come si deve. È così semplice. [...] Sono un essere umano. I politici sono esseri umani. Diamo tutto quello che possiamo, finché possiamo, e poi arriva il momento. E per me questo è il momento»[131]. L'annuncio delle dimissioni porta i media a scrivere parole che non avrebbero mai usato per un uomo. La paludata BBC titola, e poi cancella: «Jacinda Ardern resign: can women really have it all?» (Dimissioni di Jacinda Ardern: le donne possono davvero avere tutto?)[132].

Durante il suo primo mandato, il 15 marzo 2019, si trova ad affrontare gli attentati di Christchurch. Un suprematista bianco australiano spara su due moschee. Muoiono cinquantuno persone e ne vengono ferite altrettante. Il terrorista trasmette in diretta su Facebook i primi 17 minuti dell'attacco, tramite una videocamera montata sul casco che indossa. La premier interviene in Parlamento, introducendo le sue parole con il saluto in arabo *As-Salaam Alaikum* (la pace sia con te). Chiede di non chiamare per nome il terrorista, per negargli la notorietà che cercava con il suo gesto. Una scelta che, da una parte, risponde all'esigenza di evitare possibili emulazioni, dall'altra, è motivata dal fatto che per i grandi attentati l'azione dei media finisce con il dare maggiore visibilità al terrorista che alle vittime. Un principio che però apre una questione controversa, in quanto va in conflitto con il diritto di cronaca e il principio di completezza della notizia cui i mezzi d'informazione devono attenersi. Però Jacinda Ardern ha studiato comunicazione e sa che un nome può diventare un brand. E negarlo a un attentatore con una telecamera sulla testa può essere una scelta saggia e un giusto segno di rispetto per le vittime.

«C'è una persona al centro di questo attacco terroristico contro la nostra comunità musulmana in Nuova Zelanda. Un uomo di ventotto anni, cittadino australiano, è stato accusato di omicidio; seguiranno altre accuse. Dovrà rispondere alla legge neozelandese. Le famiglie delle vittime avranno giustizia. Ha cercato molte cose dal suo atto di terrore, ma una era la notorietà, ed è per questo che non mi sentirete mai pronunciare il suo nome. È un terrorista, è un criminale, è un estremista, ma quando parlerò non avrà un nome. Vi imploro: pronunciate i nomi di coloro che hanno perso la vita, ma non il nome dell'uomo che li ha uccisi. Può aver cercato la notorietà, ma noi in Nuova Zelanda non gli daremo nulla, nemmeno il suo nome.»

Eva Perón: «Un arcobaleno d'amore tra il popolo e Perón»

Eva comunica con le folle con il suo corpo: le braccia in alto sembrano simulare un abbraccio. Indossa una giacca strizzata in vita, con una grande spilla sul *rever*. I capelli ossigenati sono raccolti in uno chignon. È poco più di una ragazza, infatti muore ad appena trentatré anni. Il giorno del suo funerale, a Buenos Aires non si trova più nemmeno un fiore, perché sono stati tutti portati davanti al suo feretro.

Eva Duarte è la figlia illegittima di un proprietario terriero che abbandona sua madre, una cuoca, lasciandola in povertà con cinque figli. A quindici anni si stacca dalla sua famiglia per poi diventare una diva della radio. Quando incontra il futuro marito Juan Domingo Perón, che diventerà presidente dell'Argentina nel 1946, è più famosa di lui. Dalla radio lancia invettive in difesa degli umili del suo Paese, che la fanno diventare un'eroina degli ultimi.

Non si accontenta di fare la first lady in versione bella statuina. Usa la sua fama per promuovere politiche sociali: visita villaggi, inaugura scuole, si batte per il voto alle donne ma, allo stesso tempo, impone un controllo sull'informazione e spende e spande per regalie ed elargizioni, che le assicurano la popolarità[133]. Si veste come una diva di Hollywood, con abiti da sera, pellicce, gioielli. Sa che, per essere riconosciuta come una donna del popolo, bisogna presentarsi con gli eccessi della donna del popolo arricchita. Nessuno vuole identificarsi con la povertà, tantomeno i poveri.

Il 1 maggio 1952, pochi mesi prima di morire, Eva Perón pronuncia il suo ultimo discorso in pubblico. Si scaglia contro i nemici del peronismo, paragonati a «rospi» e «vipere».

Con una *metafora*, definisce il suo ruolo di intermediaria tra il popolo e il presidente dell'Argentina. Lei è l'«arcobaleno di amore» che li unisce. Una sorta di Maria Vergine in salsa laica e populista che intercede per i peccatori.

«È il popolo lavoratore, è l'umile popolo della patria, che qui e in tutto il Paese si alza in piedi e seguirà Perón, il leader del popolo, il leader dell'umanità, perché ha innalzato la bandiera del riscatto e della giustizia in nome dei lavoratori; lo seguirà contro l'oppressione dei traditori interni ed esterni, che nel buio della notte vogliono lasciare il veleno delle loro vipere nell'anima e nel corpo di Perón, che è l'anima e il corpo della patria. Ma non ci riusciranno, così come l'invidia dei rospi non è mai riuscita a far tacere il canto degli usignoli, né le vipere a fermare il volo dei condor. Non ci riusciranno, perché qui ci siamo noi, uomini e donne del popolo, mio generale, a custodire i tuoi sogni e a vegliare sulla tua vita, perché è la vita della patria, perché è la vita delle generazioni future, che non ci perdonerebbero mai di non aver avuto cura di un uomo del calibro del generale Perón, che ha cullato i sogni di tutti gli argentini, soprattutto dei lavoratori.

[...]

Compagne, compagni: ancora una volta sono nella lotta, ancora una volta sono con voi, come ieri, come oggi e come domani. Sono con voi per essere un arcobaleno d'amore tra il popolo e Perón; sono con voi per essere quel ponte d'amore e di felicità che ho sempre cercato di essere tra voi e il leader dei lavoratori.»

Benazir Bhutto: «La democrazia è la più grande vendetta»

Come anticipato, Jacinda Ardern e, ventotto anni prima, Benazir Bhutto sono state le prime donne a partorire mentre erano in carica come premier. Entrambe, a trentasette anni, hanno dato alla luce una bambina. Ma le loro gravidanze sono state molto diverse.

Ardern ha annunciato di essere incinta sei mesi prima della data prevista e ha usufruito di sei settimane di congedo. Al contrario, Bhutto tiene nascosta la sua gravidanza al Paese e ai membri del suo governo. Quando rimane incinta di sua figlia Bakhtawar, la premier del Pakistan si trovava in una fase particolarmente critica del suo governo: doveva fare fronte a un'alleanza di destra, finanziata dai militari; stava cercando di annullare la possibilità del presidente di destituire un governo eletto ed era appena sopravvissuta a un voto di sfiducia[134]. Quindi partorisce e torna al lavoro il giorno dopo.

Benazir è la figlia di Zulfikar 'Alī Bhutto, primo ministro del Pakistan fino al 1977, quando viene deposto da un colpo di Stato, guidato dal generale Muhammad Zia-ul-Haq. Benazir si schiera all'opposizione e assume un ruolo di rilievo per il ritorno della democrazia nel suo Paese.

Studia ad Harvard e a Oxford e, fino alle elezioni del 1988 dovute alla morte di Zia, non copre il capo. Diventa la prima donna premier di un Paese islamico. Il programma del suo governo è orientato a portare avanti una serie di riforme democratiche. Non riesce a realizzarle, a causa della maggioranza ristretta su cui può contare e della forte influenza del potere militare. Solo venti mesi dopo viene destituita dal presidente Ghulām Isḥaq Khān, con l'accusa di inefficienza e corruzione. Nel 1993 torna alla guida del governo, ma viene di nuovo costretta a fare un passo indietro nel 1996. Il marito Āṣif 'Alī Zardarī, ministro per gli Investimenti, viene condannato per corruzione. Bhutto viene coinvolta nelle sue vicende giudiziarie e condannata in contumacia. Vive all'estero, fino a quando rientra in Pakistan nel 2007, per candidarsi alle elezioni dell'anno successivo. Ma viene uccisa da un kamikaze, dopo un comizio a Rawalpindi.

Nel 1989, nel corso del suo primo mandato, pronuncia un discorso al Congresso americano[135]. Indossa un vestito tradizionale del suo Paese e un foulard bianco morbidamente appoggiato sui capelli. Le sue parole sono una celebrazione della democrazia. Annuncia che non ci saranno ritorsioni contro gli oppositori che hanno ucciso il padre, perché, per loro, la migliore vendetta è la democrazia stessa. È un *paradosso*.

«Nei suoi primi giorni, il nostro nuovo governo ha rilasciato i prigionieri politici, ha legalizzato i sindacati dei lavoratori e degli studenti e ha ripristinato la libertà di stampa. Abbiamo espresso il nostro diritto di riconoscere il ruolo dell'opposizione in una società democratica, dando loro accesso libero e regolare ai media statali per la prima volta nella nostra storia. Ci siamo posti come obiettivo la riconciliazione, non la punizione.

Alcuni hanno affermato di temere la vendetta, la vendetta contro gli assassini e i torturatori, la vendetta contro coloro che hanno sovvertito la legge costituzionale. Ma, signore e signori, non c'è stata alcuna vendetta. Contro di loro... Contro di loro e contro i dittatori di tutto il mondo, la democrazia è la più grande vendetta.

E come credente dell'Islam in questa augusta Camera, lasciate che il mio messaggio riguardi una religione compassionevole e tollerante, che insegna il duro lavoro e i valori della famiglia sotto un Dio misericordioso; perché questo è l'Islam che conosco, e questo è l'Islam che tutti noi dobbiamo imparare a capire.»

Rosaria Costa: «Gli uomini della mafia ci sono qua dentro»

Da appassionata di discorsi, mi sono più volte chiesta quale fosse il nostro *I have a dream*, il discorso italiano più bello e toccante di ogni tempo. Per tanto tempo ho pensato che fosse il *Discorso della Luna* del 1962 di Giovanni XXIII. Ma qui voglio citare le parole di Rosaria Costa al funerale del marito Vito Schifani, uno degli uomini della scorta del giudice Giovanni Falcone. Oltre a loro, nell'attentato mafioso del 23 maggio 1992, perdono la vita Francesca Morvillo – magistrata e moglie di Falcone – e i colleghi di Vito, Rocco Dicillo e Antonio Montinaro.

I funerali di Stato si tengono nella cattedrale di San Domenico a Palermo. Rosaria Costa, che ha ventidue anni e un figlio di pochi mesi, si trova in piedi, davanti a un leggio. Le bare sono di fronte a lei. Il sacerdote, al suo fianco, le suggerisce le parole e sposta il microfono quando la giovane donna commenta il testo scritto, scappando con disperazione dalle formule di circostanza.

Assistiamo tutti a un momento intimo, all'esternazione di un sentimento che generalmente non viene esposto in pubblico. Viene infatti nascosto dal paravento di quella che viene chiamata «dignità». Una forma di decoro che vuole che il dolore venga addomesticato, prima di essere mostrato in pubblico, non per rispetto della persona che soffre, ma per proteggere noi stessi da quella devastazione e proseguire indisturbati nella vita di tutti i giorni, dopo un passeggero attimo di empatia.

Queste sono le parole che la giovane vedova rivolge ai mafiosi. Questa è la verità di Rosaria. La verità di tutti noi.

«Io, Rosaria Costa, vedova dell'agente Vito Schifani – Vito mio – battezzata nel nome del Padre, del Figlio e dello Spirito Santo, a nome di tutti coloro che hanno dato la vita per lo Stato – lo Stato... – chiedo innanzitutto che venga fatta giustizia, adesso. Rivolgendomi agli uomini della mafia, perché ci sono qua dentro (e non), ma certamente non cristiani, sappiate che anche per voi c'è possibilità di perdono: io vi perdono, però vi dovete mettere in ginocchio, però, se avete il coraggio... di cambiare... loro non cambiano [*pausa, il sacerdote al fianco di Rosaria Costa suggerisce: "se avete il coraggio..."*] di cambiare, di cambiare, loro non vogliono cambiare loro. Loro non cambiano, loro non cambiano... No. Aspetta, aspetta, no [*Rosaria Costa si rivolge al sacerdote che l'invita a seguire il testo scritto*]. Di cambiare radicalmente i vostri progetti, progetti mortali che avete.

Tornate a essere cristiani. Per questo preghiamo nel nome del Signore che ha detto sulla croce: "Padre perdona loro perché loro non lo sanno quello che fanno". Pertanto vi chiediamo per la nostra città di Palermo [*pianto*] che avete reso questa città sangue, città di sangue [*Rosaria Costa parla con il sacerdote*]. Vi chiediamo per la città di Palermo, Signore, che avete reso città di sangue troppo sangue – di operare anche voi per la pace, la giustizia, la speranza e l'amore per tutti. Non c'è amore, non ce n'è amore, non c'è amore per niente.»

Prendere la parola! Dieci consigli

Questo decalogo è dedicato alle donne e alle ragazze; ma anche ai loro genitori, compagni, capi, colleghi e professori.

1.
Quello è il tuo posto

Quando prendi la parola, non assumere l'atteggiamento *scusate se esisto*. Se tu stessa pensi di essere abusiva, sbagliata o fuori luogo, lo penserà anche chi ti ascolta.

2.
Alza la mano e chiedi

Certo che non lo sai già, altrimenti sarebbe inutile chiedere.

3.
La politica ti riguarda

Occupati di politica, per allenarti ad avere un'opinione informata e un'urgenza di esprimerla.

4.
Allena il pensiero critico

Insegnanti e professori universitari incoraggino l'opinione personale e informata. Illustrino come si formula, usando le fonti e le argomentazioni basate sulle fonti. Di solito, agli studenti si richiede la sola descrizione delle fonti, per filo e per segno. Non basta.

5.
Hai sbagliato. E allora?

Supera il cattivo rapporto che le donne hanno con l'errore. È una pietra attaccata al collo. Perdonati e vai avanti.

6.
Prendi la parola, anche se non sei preparata al 100%

Nessuno lo è. Questo non è un inno alla superficialità cialtrona, ma un invito a non morire di secchionaggine.

7.
Non è vero che la rabbia ti imbruttisce

Quando ritieni che veramente l'abbiano fatta fuori dal vasino, fatti sentire. Il tuo aspetto non c'entra nulla.

8.
Le battute maschiliste devono imbarazzare chi le fa, non chi le riceve

Da oggi in poi, guardiamo quel poveretto che ha avuto

una pessima uscita come un poveretto che ha avuto una pessima uscita. No risatine, sì gelo. Brrr.

9.
Uomini, le donne hanno un titolo e un cognome, esattamente come voi

Ringrazio il dottor Tizio, il professor Caio e Valentina. Valentina?

10.
Essere belle, almeno per questo, non serve

Ammettiamolo, nella nostra società la bellezza aiuta sempre. Ma fortunatamente l'oratoria è un porto franco: per pronunciare un discorso in pubblico, possiamo essere belle, brutte o così così. Guai a chi mette al centro il proprio aspetto, al posto del desiderio di comunicare con il pubblico. Quando ti preoccupi di essere troppo grassa o troppo magra, di aver scelto la gonna sbagliata o di avere i capelli crespi, sei concentrata su te stessa, invece che sul pubblico. E il pubblico se ne accorge. Invece il tuo obiettivo è cercare gli occhi di coloro che hai di fronte, per condividere il tuo messaggio.

Note

1 Noi donne abbiamo fame di retorica

[1] «I panda giganti non sono più a rischio estinzione», *WWF*, 15 luglio 2021 (www.wwf.it/pandanews/animali/i-panda-giganti-non-sono-piu-a-rischio/#:~:text=Per%20le%20autorit%C3%A0%20cinesi%20il,non%20pi%C3%B9%20a%20rischio%20estinzione.&text=L'Unione%20internazionale%20per%20la,riclassificandoli%20appunto%20come%20%E2%80%9Cvulnerabili%E2%80%9D.)

[2] Andrea Arzilli, «Nuovo stadio della Roma a Tor di Valle: anche le rane contro», *Corriere della Sera*, 18 giugno 2017 (roma.corriere.it/notizie/cronaca/17_giugno_18/anche-rane-contro-nuovo-stadio-roma-tor-valle-4e340f24-5386-11e7-8a99-4abe2a560c36.shtml)

[3] Osservatorio sui lavoratori dipendenti del settore privato (servizi2.inps.it/servizi/osservatoristatistici//api/getAllegato/?idAllegato=1043)

[4] Mariasole Lisciandro, «Molte maestre, poche manager», *Il Post*, 9 marzo 2024 (www.ilpost.it/2024/03/09/gender-pay-gap-motivi/)

[5] «Do women talk more than men?», *Harvard T.H. Chan*, 23 luglio 2014 (hsph.harvard.edu/news/do-women-talk-more-than-men/)

[6] Marilla Steuter-Martin, «Sue Montgomery calls out gender disparity at city council, one stitch at a time», *CBC News*, 14 maggio 2019 (www.cbc.ca/news/canada/montreal/montreal-city-council-gender-sue-montgomery-1.5135001)

[7] Christine L. Exley, Kirby Nielsen, «The Gender Gap in Confidence: Expected But Not Accounted For», *American Economic Review*, 3 marzo 2024.

[8] Ricerca Save the Children, «Le equilibriste. La maternità in Italia», Alessandra Minello (a cura di), 2024 (s3-www.savethechildren.it/public/files/uploads/pubblicazioni/le-equilibriste-la-maternita-italia-nel-2024.pdf)

[9] *Le donne, il lavoro e la crescita economica*. Intervento di saluto di Alessandra Perrazzelli, vicedirettrice generale della Banca d'Italia, Roma, 22 giugno 2023.

[10] «Multinationals could help close parenthood wage gaps. This is how» (www.weforum.org/stories/2024/06/multinationals-can-close-parenthood-wage-gaps/)

[11] ILO 2018 in «Le equilibriste. La maternità in Italia», Alessandra Minello (a cura di), Ricerca Save the Children, 2024 (s3-www.savethechildren.it/public/files/uploads/pubblicazioni/le-equilibriste-la-maternita-italia-nel-2024.pdf)

[12] «New IPU report shows that women MPs have never been so diverse» (www.ipu.org/news/press-releases/2023-03/new-ipu-report-shows-women-mps-have-never-been-so-diverse)

[13] «"L'opera al nero", l'arte denuncia l'assenza delle donne dai media», 1 giugno 2011 (www.ilariaalpi.it/%E2%80%9Cl%E2%80%99opera-al-nero%E2%80%9D-l%E2%80%99arte-denuncia-l%E2%80%99assenza-delle-donne-dai-media/)

[14] Mary Ann Sieghart, *The Authority Gap, Why Women are still taken less seriously than men, and what we can do about it*, Penguin Random House Uk, 2022 (prima edizione 2021).

[15] Il riferimento è al duca di Wellington, soprannominato Duca di Ferro, primo ministro della Gran Bretagna nel 1834.

[16] Margaret Thatcher, Speech to Finchley Conservatives (admits to being an "Iron Lady"), 1976 (www.margaretthatcher.org/document/102947); Video: www.gettyimages.it/detail/video/segment-from-margaret-thatcher-speech-to-finchley-filmati-di-cronaca/166364536

[17] Mary Ann Sieghart, *op. cit.*

[18] Sheryl Sandberg, *Facciamoci avanti: Le donne, il lavoro e la voglia di riuscire*, trad. di S. Crimi e L. Tasso, Mondadori, Milano 2013.

[19] «Negotiation and Women and Business» (negotiatingwomen.com/women-and-negotiation/)

[20] Ursula von der Leyen, Discorso sulla parità di genere. Plenaria del Parlamento Europeo, 26 aprile 2021 (www.perlaretorica.it/reto/von-der-leyen-ursula-discorso-sulla-parita-di-genere-plenaria-del-parlamento-europeo-26-aprile-2021/). Traduzione dell'autrice.

2 Ode al femminismo

[21] «La dittatura del corpo. Come la società influenza la (auto)rappresentazione della donna», *Eurispes*, 22 dicembre 2023 (eurispes.eu/news/la-dittatura-del-corpo-come-la-societa-influenza-la-autorappresentazione-della-donna/)

[22] Lilli Gruber, *Basta! Il potere delle donne contro la politica del testosterone*, Solferino, Milano 2019.

[23] Danda Santini, «Lilli Gruber: "Donne, prendetevi il potere prima che sia troppo tardi"», *Io Donna*, 26 ottobre 2019 (www.iodonna.it/personaggi/star-italiane/2019/10/26/lilli-gruber-le-donne-corrono-con-dei-pesi-alle-caviglie/)

[24] Mary Beard, *Donne e potere. Per troppo tempo le donne sono state messe a tacere*, trad. di G. Lazzari, Mondadori, Milano 2018.

[25] «Is toxicity towards Italian politicians gendered? A multi-level analysis of hate speech on Twitter during election period», 2024 (www.idmo.it/wp-content/uploads/2024/03/20240319_Is-toxicity-towards-Italian-politicians-gendered_v49-1.pdf)

[26] Raccomandazione 449 (2020).

[27] Brunetta e lo sfogo in tv contro Marta Fascina, compagna di Berlusconi: «Mi dicono tappo o nano», 25 luglio 2022 (www.rainews.it/video/2022/07/brunetta-e-lo-sfogo-in-tv-contro-marta-fascina-compagna-di-berlusconi-mi-dicono-tappo-o-nano-6fd380d0-09b6-49e2-a16e-6cea3c4bb2ce.html)

[28] Michela Murgia, *Stai zitta e altre nove frasi che non vogliamo sentire più*, Einaudi, Torino 2021.

[29] Brian Uzzi, «Men and Women Need Different Kinds of Networks to Succeed», 25 febbraio 2019 (hbr.org/2019/02/research-men-and-women-need-different-kinds-of-networks-to-succeed).

[30] «I 15 minuti di rabbia della premier», *La Stampa*, 11 ottobre 2012 (www.lastampa.it/cultura/2012/10/11/news/i-15-minuti-di-rabbia-della-premier-1.36368292/)

[31] Julia Gillard's misogyny speech: 10 years on (with Mary Beard), 3 novembre 2022 (www.youtube.com/watch?v=J2IILxgYmSw&t=788s)

3 Sto dietro le quinte

[32] Michelle Obama has advice for girl's battling self-doubt, 21 novembre 2022 (www.youtube.com/watch?v=bzNke_GYGHg)

[33] Sheryl Sandberg, *Facciamoci avanti. Le donne, il lavoro e la voglia di riuscire*, trad. di S. Crimi e L. Tasso, Mondadori, Milano 2013.

[34] Betty Friedan, *The Feminine Mystique*, Norton & Company, New York, 1963 (tr. it. *La mistica della femminilità*, Edizioni di Comunità, Milano 1964).

[35] Alecia J. Carter, Alyssa Croft, Dieter Lukas, Gillian M. Sandstrom, «Women's visibility in academic seminars: Women ask fewer questions than men», PLOS ONE (2018). DOI: 10.1371/journal.pone.0202743

[36] Vincenzo Falco, Massimo Cuntrera, Massimo Attanasio, «Gender differences in career advancements in Italian universities over the last 20 years», 5 giugno 2023, (genus.springeropen.com/articles/10.1186/s41118-023-00189-7#:~:text=In%20the%20EU%2D28%20in,(European%20Commission%2C%202021)

[37] Fabrizia Giuliani, «Perché sei italiane su dieci non hanno votato», *La Stampa*, 20 giugno 2024 su dati SWG per *Avvenire*.

[38] Viviana Daloiso, «Deluse dalla politica, assenti alle urne: per 6 donne su 10 non c'è domani», 16 giugno 2024 (www.avvenire.it/attualita/pagine/deluse-dalla-politica-assenti-alle-urneper-sei-do).

[39] Sheryl Sandberg, Why we have too few women leaders, TEDx, dicembre 2010 (www.ted.com/talks/sheryl_sandberg_why_we_have_too_few_women_leaders?subtitle=en&lng=it&geo=it)

[40] Michela Murgia, *Stai zitta*, cit.

[41] Si tratta dell'ufficio più prestigioso, con le finestre su due lati.

4 Essere piacevoli: una trappola

[42] *Porta a Porta*, 9 marzo 2006.

[43] Soraya Chemaly, *La rabbia ti fa bella. Il potere della rabbia femminile*, Harper Collins, Milano 2019.

[44] Gaby Hinsliff, «'Lift the lid, and there's a well of rage': why women are mad as hell (and not afraid to show it)», *The Guardian*, 4 marzo 2023 (www.theguardian.com/lifeandstyle/2023/mar/04/lift-the-lid-and-theres-a-well-of-rage-why-women-are-mad-as-hell-and-not-afraid-to-show-it)

[45] Greta Thunberg all'Onu, lacrime di rabbia contro leader: «Mi avete rubato i sogni e l'infanzia», 24 settembre 2019 (www.youtube.com/watch?v=V_Obu4zIjWY)

[46] *Libero*, 6 maggio 2019.

[47] Adam Forrest, «Greta Thunberg: Right wing French MPs insult and boycott teenage climate activist», *Independent*, 24 luglio 2019 (www.independent.co.uk/climate-change/news/greta-thunberg-france-parliament-boycott-climate-change-strike-protest-a9018141.html)

[48] Karen Bartko, «Alberta company takes responsibility for explicit Greta Thunberg decal: 'We will do better'», *Global News*, 3 marzo 2020 (globalnews.ca/news/6618775/greta-thunberg-decal-apology/)

[49] Margaret Thatcher, Speech to Conservative Party Conference ('the lady's not for turning') ["The Reason Why"], 1980 (www.margaretthatcher.org/document/104431)

[50] Julia Gillard, Ngozi Okonjo-Iweala, *Rompi il soffitto di cristallo. Vite straordinarie di donne che ce l'hanno fatta*, trad. di S. Siri, Aboca, Sansepolcro 2022.

[51] Intervista di Jana Hensel, *Die Zeit*, 24 gennaio 2019 (www.bundesregierung.de/breg-de/aktuelles/-paritaet-erscheint-mir-logisch--1573378)

[52] Cecilia Pemberton, Paul McCormack, Alison Russell, «Have women's voices lowered across time? A cross sectional study of Australian women's voices», *Elsevier*, 1998 (www.sciencedirect.com/science/article/abs/pii/S0892199798800404#!)

[53] Cheng, J. T., Tracy, J. L., Ho, S., & Henrich, J., «Listen, follow me: Dynamic vocal signals of dominance predict emergent social rank in humans», *Journal of Experimental Psychology: General*, 145(5), 536–547, 2016 (psycnet.apa.org/doiLanding?doi=10.1037%2Fxge0000166); David Robson, «The reasons why women's voices are deeper today», *BBC*, 13 giugno 2018 (www.bbc.com/worklife/article/20180612-the-reasons-why-womens-voices-are-deeper-today)

[54] First sitting of the European Parliament elected by direct universal suffrage. Address by Louise WEISS, oldest EP Member, before the election of the EP President (multimedia.europarl.europa.eu/it/video/first-sitting-of-the-europeanparliament-elected-by-direct-universal-suffrage-address-by-louise-weiss-oldest-ep-member-before-the-election-of-the-ep-president_ebs95585)

[55] @danaemercer

[56] Intervista di Jana Hensel, *Die Zeit*, 24 gennaio 2019 (www.bundesregierung.de/breg-de/aktuelles/-paritaet-erscheint-mir-logisch--1573378)

[57] *Ogni maledetta domenica* di Oliver Stone, 1999.

[58] America Ferrera, *My identity is a superpower, not an obstacle,* TED, 2019.

[59] *Real Women Have Curves* di Patricia Cardoso, 2002.

[60] Sara Sirtori, «Perché tutti parlano del monologo di America Ferrera in "Barbie" (e cosa c'entra Meryl Streep)», *Amica*, 31 luglio 2023 (www.amica.it/2023/07/31/barbie-film-monologo-femminista-america-ferrera-meryl-streep/)

5 Tutt* è la mia battaglia?

[61] Fabrizio Acanfora, «La convivenza delle differenze», 26 gennaio 2021 (www.fabrizioacanfora.eu/la-convivenza-delle-differenze/); Vera Gheno, Brevissima storia dello schwa, TEDxFirenzeStudio, 2 giugno 2021 (www.youtube.com/watch?v=UCx9t2OLOSY)

[62] La Lega prende le distanze dalla pdl del senatore Potenti: vietato scrivere sindaca o avvocata, *Il Sole 24 Ore*, 22 luglio 2024 (www.ilsole24ore.com/art/vietato-scrivere-sindaca-o-avvocata-lega-prende-distanze-pdl-nomi-femminile-ritirare-AFDfd1zC?refresh_ce=1)

[63] In forma di personificazione «la ministra / de l'alto Sire infallibil giustizia» (Dante, *Inferno*, canto XXIX, vv. 55-56).

[64] Vera Gheno, *Femminili singolari. Il femminismo è nelle parole*, Effequ, Firenze 2021.

[65] «Vera Gheno: "Attaccare il woke significa difendere i vecchi privilegi"» di Sara Scarafia, *la Repubblica*, 9 settembre 2024.

[66] Azzurra Rinaldi, *Come chiedere l'aumento. Strategie e pratiche per darti il giusto valore*, Fabbri, Milano 2024.

[67] Diritto di parola/3. «Tiziana Triana: "Woke significa essere attenti alle ingiustizie"» di Sara Scarafia, *la Repubblica*, 17 agosto 2024.

[68] Diritto di parola/2. «Linda Laura Sabbadini, "Il woke distrugge i valori per cui è nato"» di Lara Crino, *la Repubblica*, 8 agosto 2024

[69] Adriana Cavarero e Olivia Guaraldo, *Donna si nasce (e qualche volta lo si diventa)*, Frecce Mondadori, Milano 2024.

[70] Bufera sulla puntata di Porta a Porta sull'aborto, opposizioni all'attacco. La Rai scrive a Vespa, 19 aprile 2024 (www.ansa.it/sito/notizie/politica/2024/04/19/il-pd-a-porta-a-porta-parlano-di-aborto-solo-uomini_9eb4eb83-ef8a-4b4c-8719-91d08c9652d5.html)

[71] Tim Davie, «Our Sixth 50:50 Challenge» (www.bbc.co.uk/5050/impact2024)

[72] Ros Atkins, «How We're Bringing Gender Equality To BBC Expert Guests», *HuffingtonPost*, 2 aprile 2018 (www.huffingtonpost.co.uk/entry/bbc-women_uk_5ac1f4e5e4b0a47437ac46cf)

[73] «Giornali italiani in mano a uomini, solo 6 direttori su 38 sono donne», *PrimaOnline*, 22 marzo 2024 (www.primaonline.it/2024/03/22/403978/i-giornali-italiani-sono-in-manoa-uomini-solo-6-direttori-donne-su-38/)

[74] Mauro Corona e tutte le liti in diretta con Bianca Berlinguer: il video, 24

settembre 2020 (video.corriere.it/cronaca/mauro-corona-tutte-liti-diretta-bianca-berlinguer-video/5d96ecb0-fe42-11ea-a30b-35e0d3e9db56)

[75] Lodovica Vendemiati, «Qual è il ruolo delle donne nella Chiesa? La parola a suor Marzia Ceschia, Marinella Perroni e Simona Segoloni Ruta», *La difesa del popolo*, 3 marzo 2024 (www.difesapopolo.it/Media/OpenMagazine/Il-giornale-della-settimana/ARTICOLI-IN-ARRIVO/Qual-e-il-ruolo-delle-donne-nella-Chiesa-La-parola-a-suor-Marzia-Ceschia-Marinella-Perroni-e-Simona-Segoloni-Ruta)

[76] Annuario Statistico della Chiesa. Aggiornato al 31 dicembre 2021 (www.fides.org/it/news/74319-VATICANO_Le_Statistiche_della_Chiesa_%20cattolica_2023#:~:text=I%20Vescovi%20diocesani%20sono%20%204.155,raggiungendo%20quota%20407.872%20(%2D2.347))

[77] Mauro Corona e tutte le liti in diretta con Bianca Berlinguer: il video, 24 settembre 2020 (video.corriere.it/cronaca/mauro-corona-tutte-liti-diretta-bianca-berlinguer-video/5d96ecb0-fe42-11ea-a30b-35e0d3e9db56)

[78] Gian Guido Vecchi, «Si chiude il Sinodo: più responsabilità alle donne nella Chiesa. La questione delle diaconesse resta aperta. E il Papa approva», *Corriere della Sera*, 26 ottobre 2024 (www.corriere.it/cronache/24_ottobre_26/si-chiude-sinodo-responsabilita-donne-chiesa-9c750c97-e615-450c-81a0-8f8c81f6dxlk.shtml)

[79] La Corte dei Gentili con la partecipazione della Consulta femminile del Pontificio Consiglio della Cultura, 13 aprile 2021 (www.youtube.com/watch?v=_IusTLFpkJI)

[80] Mary McAleese, Why Women Matter, 8 marzo 2018 (www.youtube.com/watch?v=X9Q9VqkrfCw)

[81] Il monologo di Paola Cortellesi, David di Donatello 2018 (www.youtube.com/watch?v=4WjhLSkXqTk)

[82] «Harvey Weinstein è stato condannato a 16 anni di carcere per violenze sessuali», *Il Post*, 23 febbraio 2023 (www.ilpost.it/2023/02/23/harvey-weinstein-condanna-violenze-sessuali/)

[83] «Le donne del cinema italiano e le molestie: "Siamo contro il sistema di potere"», *Vanity Fair*, 1 febbraio 2018 (www.vanityfair.it/news/diritti/2018/02/01/le-donne-del-cinema-contro-il-sistema-di-potere-lettera)

[84] Mappatura Amleta 2020-2024 (www.amleta.org/mappatura-20202024/)

6 Le vie della svalutazione femminile sono infinite

[85] Filippo Ceccarelli, *B. Una vita troppo*, Feltrinelli, Milano 2024.

[86] Berlusconi scatenato con l'impiegata, «Quante volte viene» (www.youtube.com/watch?v=8iVNEb5y_Hw)

[87] Filippo De Gaspari, «Imbarazzata da Berlusconi l'impiegata offesa si ribella», *La nuova Venezia*, 13 febbraio 2013.

[88] Istat, Report *Le molestie: vittime e contesto*, anno 2022-2023, luglio 2024.

[89] Women @ Work 2024, A Global Outlook.

[90] Ben Barres, «Does Gender Matter?», in *Nature*, vol. 442, 13 luglio 2006.

[91] Rebecca Solnit, «Men who explain things», *Los Angeles Times*, 13 aprile 2008.

[92] Chelsie J. Smith et alii, «"Well, actually": investigating mansplaining in the modern workplace», *Journal of Management & Organization* (2022), Anzam.

[93] Riccardo Conte, «"Infantilizzare le persone con disabilità significa escluderle". Intervista a Marina Cuollo», *Gay.it*, 9 dicembre 2023 (www.gay.it/disabilita-marina-cuollo-intervista)

[94] Nicola Bryan, «How do we feel when leaders cry?», *BBC*, 8 giugno 2024 (www.bbc.com/news/articles/cy66vnw0q74o)

[95] Andrew Roberts, «Winston Wept: The Extraordinary Lachrymosity and Romantic Imagination of Winston Churchill», 18 dicembre 2016 (winston-churchill.org/publications/finest-hour/finest-hour-174/winston-wept-the-extraordinary-lachrymosity-and-romantic-imagination-of-winston-churchill/)

[96] «Seven times Barack Obama cried during an emotional eight years», *BBC*, 11 gennaio 2017 (www.bbc.com/news/newsbeat-38582921)

[97] Il pianto di Berlusconi per i migranti albanesi nel 1997 (www.youtube.com/watch?v=YBwr1jY_1Jo)

[98] Bernard Capp, «Big Boys Don't Cry: The changing face of masculinity from Jesus to Michael Fassbender» (warwick.ac.uk/newsandevents/features/big-boys-dont-cry)

[99] Paul Gascoigne's tears after semi-final defeat in 1990. Most iconic World Cup moments (www.youtube.com/watch?v=GGCT7zbaAYA)

[100] Massimo Manzo, «Perché gli uomini piangono meno delle donne?», *Focus*, 7 ottobre 2023 (www.focus.it/comportamento/psicologia/perche-gli-uomini-piangono-meno-delle-donne)

[101] Jared Wadley, «Men, women ride the same emotional roller coaster», *Michigan News*, 25 ottobre 2021 (news.umich.edu/men-women-ride-the-same-emotional-roller-coaster/)

[102] Heather J MacArthur, «Beliefs About Emotion Are Tied to Beliefs About Gender: The Case of Men's Crying in Competitive Sports», DOI: 10.3389/fpsyg.2019.02765 (pubmed.ncbi.nlm.nih.gov/31920818/#full-view-affiliation-2)

[103] L'iniziativa è stata realizzata grazie al sostegno di Toyota Motor Italia.

7 Diventare grandi oratrici

[104] John Jerrim et alii, *Bullshitters. Who Are They and What Do We Know about Their Lives?*, Iza, 2019.

[105] Harry G. Frankfurt, *On Bullshit*, Princeton University Press, Princeton 2005 (tr. it. *Stronzate. Un saggio filosofico*, Rizzoli, Milano 2005).

[106] Christine L. Exley, Kirby Nielsen, *The Gender Gap in Confidence: Expected But Not Accounted For*, 2022.

[107] Arianna Meloni ad Atreju, 2024 (www.youtube.com/watch?v=FBVRrE9uJ_c)

[108] Barack Obama, Wakefield High School in Arlington, Va, Pres. Obama

National Address to Students (obamawhitehouse.archives.gov/the-press-office/remarks-president-a-national-address-americas-schoolchildren)

[109] Michael Sandel, The Tyranny of Merit: Can We Find the Common Good?, 5 maggio 2022 (www.raiscuola.rai.it/scienzesociali/articoli/2021/09/Michael-Sandel---The-Tyranny-of-Merit-Can-We-Find-the-Common-Good-66933691-3b57-42da-be86-0847146ad644.html)

[110] H.H. Gerth e C. Wright Mills (a cura di), *From Max Weber: Essays in Sociology, Routledge*, Londra 1948.

[111] Chimamanda Ngozi Adichie addressed the class of 2015 at Wellesley's 137th Commencement Exercises (www1.wellesley.edu/events/commencement/archives/2015/commencementaddress)

[112] Vedi 1.3.

[113] Per altri suggerimenti, rimando al mio volume *Viva la retorica sempre!*, Piemme, Milano 2024.

[114] *Qui e ora*, Rai Play, 2024 (www.raiplay.it/video/2024/12/Qui-e-Ora---12-12-2024-a02b67e5-c772-49d6-81fa-316015729d51.html)

[115] Piergiorgio Odifreddi, «Il talento delle donne per la scienza», *la Repubblica*, 16 ottobre 2016.

[116] Ben A. Barres, «Does Gender Matter?», *Nature*, 13 luglio 2006 (www.nature.com/scitable/content/does-gender-matter-by-ben-a-barres-10602856/)

[117] X Factor 2024, Francamente: «Una sola ragazza in finale è una sconfitta. Grazie Jake per aver scelto una donna di 30 anni e lesbica», *HuffingtonPost*, 29 novembre 2024 (www.huffingtonpost.it/cultura/2024/11/29/news/x_factor_2024_francamente_eliminata_a_sorpresa-17854492/)/

[118] www.instagram.com/p/DC_wgB2NY1U/?img_index=3&igsh=NHlwYjhxMGJka2pj

[119] Virginia Woolf, *Una stanza tutta per sé*, Feltrinelli, Milano 2024 (ed. originale 1929); con uno scritto di Marisa Bulgheroni.

[120] Virginia Woolf riporta le parole del nipote della scrittrice in James Edward Austen-Leigh, *Memoir of Jane Austen*, OUP Oxford, Oxford 2008 (tr. it. *Ricordo di Jane Austen e altre memorie familiari*, Elliot, Roma 2018).

Appendice
I discorsi potenti delle donne

[121] Catherine Cornet, «Joséphine Baker nel Panthéon francese», *Internazionale*, 1 dicembre 2021 (www.internazionale.it/opinione/catherine-cornet/2021/12/01/josephine-baker-pantheon)

[122] Alessandro Farnese, duca di Parma.

[123] www.dior.com/en_ee/fashion/products/213T03TA001_X0200

[124] Chimamanda Ngozi Adichie, «We should all be feminists», TEDx, 2012 (www.ted.com/talks/chimamanda_ngozi_adichie_we_should_all_be_feminists)

[125] «Una campagna referendaria da ricordare», *Il Post*, 12 maggio 2024 (www.ilpost.it/2024/05/12/campagna-referendum-divorzio-1974/)

[126] Ed Schultz, «The Genesis of JFK's "Ask Not" Line», *HuffPost*, 20 gennaio 2011 (www.huffpost.com/entry/jfk-ask-not-what-your-country-can-do-for-you_b_811906)

[127] Riferimento alla repressione dell'insurrezione asturiana dell'ottobre 1936.

[128] Angela Merkel, *Discorso al Congresso degli Stati Uniti*, Washington, 4 novembre 2009.

[129] Angela Merkel criticised over crying refugee, BBC News, 2015 (www.youtube.com/watch?v=9qaxoX9MF0M)

[130] Claudio Del Frate, «Germania e migranti: i numeri (e il discorso di Angela Merkel)», *Corriere della Sera*, 30 settembre 2023 (www.corriere.it/esteri/23_settembre_30/germania-numeri-migranti-discorso-angela-merkel-d2953428-5f19-11ee-b712-28fa5938c083.shtml)

[131] Jacinda Ardern resigns as prime minister of New Zealand in shock announcement, 2023 (www.youtube.com/watch?v=MWmecuK8M-8)

[132] Barbara Poggio, «Le grandi dimissioni di Jacinta Ardern», *Rivista il Mulino*, 21 gennaio 2023 (www.rivistailmulino.it/a/le-grandi-dimissioni-di-jacinta-ardern)

[133] Evita Peron. Un mito nella storia argentina, *Rai Scuola* (www.raiscuola.rai.it/storia/articoli/2021/07/Evita-Peron-4dfd75f6-9e60-4701-b1db-28482e78b532.html)

[134] M Ilyas Khan, «Ardern and Bhutto: Two different pregnancies in power», *BBC*, 21 giugno 2018 (www.bbc.com/news/world-asia-44568537)

[135] Benazir Bhutto, Address to a Joint Meeting of he U.S. Congress,1989 (www.americanrhetoric.com/speeches/benazirbhuttoUScongress.htm)

Indice

APPENDICE

Finito di stampare nel mese di maggio 2025
su carta holmen
con fibra vergine proveniente da foreste sostenibili holmen.com/paper
presso Grafica Veneta S.p.A.
Via Malcanton, 2 – Trebaseleghe (PD)
Printed in Italy

Certificato PEFC
Questo prodotto è realizzato con materia prima da foreste gestite in maniera sostenibile e da fonti controllate
PEFC/18-31-226
www.pefc.it

GRAFICA VENETA
GV CARBON NEUTRAL

Questo libro è fabbricato da Grafica Veneta S.p.A.
con un processo di stampa e rilegatura certificato 100% carbon neutral
in accordo con PAS 2060 BSI